なぜヒトは心を病むようになったのか？

小松 正

文春新書

1467

はじめに

進化心理学は、心も進化によって形成されたという前提に基づいて、ヒトの心理を研究する学問です。関連分野として、ヒトの心理や行動を進化の産物として研究する人間行動進化学があります。本書で扱う内容はどちらの名称で呼んでも間違いではありません。率直に言いますと、進化生物学が専門の私にとっては「人間行動進化学」のほうがしっくりくるところがあるのですが、より一般に知られている名称であろう「進化心理学」を用いることにしました。

コラム連載時の「絶望の進化心理学」というタイトルの通り、本書では病気や陰謀論などネガティブな印象を与えるテーマをおもに扱っています。しかし、それらのテーマに関連した問題について、解決や改善を目指したさまざまな取り組みが行われていることも事実です。そうした前向きな取り組みについても、進化心理学の応用として、できるだけ紹介するようにしました。

第1章では「うつ」「自殺」「依存症」をテーマとしています。これらは、ヒトが陥る自己否定的な状態、またはその結果として生じうる事態と言えます。しかし、進化心理学の観点からは、これらはいずれもヒトの生存や繁殖にとってプラスとなりうる状況と深く関係している可能性が見えてきます。こうした逆説的な、いわば常識とは逆の考え方を一定の根拠を伴って提示できるところが進化心理学の面白いところです。

第2章では「DV」「子殺し」「サイコパス」という、他人に対する暴力や攻撃性に関係したテーマを扱っています。こうした他人に対する攻撃性に関する研究は、進化心理学が得意とする分野です。ヒトの攻撃性はどのような条件や状況下で強まるのか、それがヒトの生存や繁殖とどのように関係しているのか、という視点で読んでいただけると理解しやすいかと思います。

第3章は「差別」「戦争」「陰謀論」「宗教」という、人間同士の対立や分断に関係したテーマを扱っています。対立が強まる条件についての研究が発展したことで、そうした研究成果に基づいて対立を克服する方法を開発しようという取り組みが始まっています。希望を捨てずに取り組む研究者の姿にも注目していただきたいです。

第4章は「精神」「組織」「人類の未来」をテーマとしています。「組織」についてのパートは今回の書籍化に伴って新たに書き下ろしました。現代の社会では職場でのストレスが精神疾患を増大させる要因の一つであることは間違いありません。このパートでは、ヒトにとってストレスの少ないヒューマンセントリック（人間主体）な組織を実現しようとする取り組みについて、最新の研究を紹介します。

読者の方々にとって本書が人間理解の一助になれば、著者として大変うれしく思います。

なぜヒトは心を病むようになったのか?

目次

初出
集英社ウェブメディア「よみタイ」
連載コラム「絶望の進化心理学～なぜ私たちは〈心を病む〉生き物なのか？～」
２０２２年10月～２０２３年10月
一部書き下ろし
第４章〈進化の観点に基づいた働き方改革「ヒューマンセントリックな組織」とは？〉

第1章　「うつ」「自殺」「依存症」ヒトが闇へと向かう理由

うつは生存するための「闘争の強制終了」

うつは防御反応なのか

「逃げちゃ駄目だ、逃げちゃ駄目だ、逃げちゃ駄目だ……」

これは『新世紀エヴァンゲリオン』のなかで、主人公の碇《いかり》シンジがエヴァンゲリオン初号機に乗る決断をするときに発した有名な台詞です。シンジが自身の意欲を高めるべく、自分に言い聞かせる非常に印象的なシーンです。

『新世紀エヴァンゲリオン』シリーズを制作した庵野秀明氏は、2015年4月に株式会社カラーの公式サイト上のプレスリリースで、2012年にうつ状態になったことを公表しています（注1）。庵野氏は「6年間、自分の魂を削って再びエヴァを作っていた事への、当然の報いでした」と述べています。話題作を作り続けることによる重圧の大きさを感じさせるコメントです。シリーズ完結編『シン・エヴァンゲリオン劇場版𝄇』では、もともと精神が安定しているとはいいがたいシンジがいくつもの衝撃的な体験を経てうつ状態となった姿と、周囲の助力などによってうつ状態から回復していくプロセスが描かれています。公認心理師の大美賀直子氏は専門家の立場から「うつ状態回復のシーンはとてもよく描かれている」「庵野監督ご自身のうつ状態からの回復の経験がふんだんに生かされているのだろうな、と思いました」と述べています（注２）。

このように芸能人やスポーツ選手などの有名人がうつ状態等のメンタル不調を公表することは今日ではそれほどめずらしくありません。２０２１年５月には、テニスの大坂なおみ選手が自身のツイッター（現X）で全仏オープンの棄権と、２０１８年からうつ状態を繰り返してきたことを公表し、アスリートのメンタルヘルスについて改めて注目が集まりました。「こころが強い」というイメージを持たれがちなアスリートですが、実際には現役のプロサッカー選手の38％がうつ状態や不安障害を経験しているという報告があります（注３）。

私の知人の中にも、自身のうつ病やうつ状態の経験を告白してくれた人が何人かいます。神経質な性格でいかにもストレスをため込みそうに見える人もいれば、社交的で明るい性格に思える人もいて、さまざまです。こうした個人的経験からは、誰しもがうつ病やうつ状態に陥る可能性があるのではないかという考えが頭をよぎります。ここで、実際の調査結果を見てみましょう。

厚生労働省による平成14年度の調査では、日本で一生涯にうつ病を発症する人は１００

人に約7人、7%という結果です（注4）。これは決して小さくない数値です。自分の周囲にうつ病経験者がいても何ら不思議ではありません。

うつ状態についての興味深い仮説として、うつ状態は防御反応（注5）であるという考えがあります。防御反応であるということは、うつ状態になることによって生存率が高まる場合があることを意味します。まずは、この仮説が生まれた背景について説明しましょう。

うつ病は遺伝病ではありません。しかし、双子調査の結果などから、うつ病を含む精神疾患の発症には、環境が影響すると同時に遺伝子も影響することが分かっています（注6）。うつ病そのものは遺伝しないが、うつ病になりやすい体質は遺伝するということです。このように、病気そのものは遺伝しないが、その病気になりやすい体質は遺伝するということは普通にあります。例えば、2型糖尿病そのものは遺伝しませんが、2型糖尿病になりやすい体質（インスリン分泌が低下しやすい、など）はある程度遺伝します。

うつ病に関していえば、うつ状態になりやすい遺伝子の存在が想定されます。「必ずうつ状態になる遺伝子」が存在するというのではなく、あくまでも「うつ状態になりやすい遺伝子」が存在するということに注意してください。うつ状態になりやすい遺伝子を持っていてもうつ状態を発症しないまま一生を終える人も普通にいます。2型糖尿病の場合も、なりやすい体質（なりやすい遺伝子を持つ）であっても発症しないまま一生を終える人もいます。他の多くの病気も同じです。

すでに述べたように、一生涯にうつ病を発症する人の割合（生涯有病率）は7％です。このことから、うつ状態になりやすい遺伝子の集団中の頻度は低くないと考えられます。しかし、病気になりやすい遺伝子の頻度が低くないというのは、考えてみると不思議な状況です。

例えば、重篤な運動機能障害によって生存が難しくなる筋ジストロフィー症は、遺伝子が原因で発症すると考えられていますが、その有病率は人口10万人あたり20人程度です。筋ジストロフィー症を発症した人が子どもを残すことはまれです。このことから、筋ジストロフィー症を引き起こす遺伝子は、突然変異で新たに生じたとしても自然選択（注7）の働きによって集団中から排除されてしまい、ごくわずかの頻度でしか存在しないと考えられます。

仮にうつ状態になることが個体の生存や繁殖にとって常に悪影響しかないというのであれば、うつ状態になりやすい遺伝子は、筋ジストロフィー症を引き起こす遺伝子と同じように、ごくわずかの頻度でしか存在しないであろうと予測されます。しかし、うつ病の実際の有病率はかなり高いです。この事実から、うつ状態になりやすい遺伝子は生存・繁殖に対して常に悪影響を与えるのではなく、場合によっては良い影響を与えることもあるのではないかという予測が導かれます。病気と扱われてはいるものの悪いことばかりではないということです。こうして、うつ状態になりやすい遺伝子に対する自然選択の働きという進化の観点（注8）から、うつ状態は一種の防御反応ではないのかという仮説が生まれたわけです。

防御反応について考えるうえで注意すべき点は、防御反応と欠陥とを別のカテゴリーとして区別することです（注9）。病人の欠陥を改善することは、ほとんどの場合はよいことでしょう。肺炎患者の酸素不足を解消することで顔の青白さがなくなることには何の問題もありません。しかし、防御反応をなくすことにはリスクが伴います。例えば、患者に咳をさせないようにすると、異物排除ができずに状態が悪化する可能性があります（注10）。危険を察知すると不安を感じることも防御反応の一種と考えられるでしょう。不安を感じることによって慎重な行動を選択するようになり、危険回避につながるわけです。不安を感じない精神状態の人は、危険回避が難しくなります。

敗北を認めると、うつは消える？

それでは、うつ状態は、いったいどのような状況における防御反応なのでしょうか？この疑問に答えるのがランク理論です（注11）。ここでのランクとは群れの中での順位など社会的地位のことを意味します。ランク理論では、うつ状態は社会的地位（ランク）を失ったもののそれを奪い返す可能性がない場合に生じる防御反応であると考えます。

高い社会的地位をめぐって闘争する個体についての研究から、ランク理論を支持する結果が得られています。精神疾患に関する実験では、ヒトを対象にすることが倫理的に難しいため、サルを用いることがよくあります。オナガザルの一種であるベルベットモンキーを用いた実験により、群れの中での順位の高い個体ほど精神状態が安定している（セロトニン濃度が高い）ことを示唆する結果が１９８７年に報告されています（注12）。セロトニンは精神安定作用のある神経伝達物質で、うつ状態は脳内のセロトニン濃度の減少によって発症するという説があります。

調査の結果、群れの中で順位の高いオスはセロトニン濃度が高く、順位の低いオスはセロトニン濃度が低いことが分かりました。このことは、順位の高い個体ほど精神状態が安定していることを示唆します。逆に、高い地位から失脚してしまったオスは、セロトニン濃度が急激に低下することが確認されました。失脚してセロトニン濃度が低くなったオスは、身体を縮めて揺らしたり、食事をしなくなります。この状態はうつ病になったヒトと共通です（『シン・エヴァンゲリオン』のなかでうつ状態となったシンジもそうでした）。また、人為的にセロトニン濃度を高める薬を与えられたオスは群れの中での地位が高くなり、逆にセロトニン濃度を低くする薬を与えられたオスは地位が低くなることも実験により確認されました。セロトニン濃度が群れの中の順位というオスの社会的地位と深く関係していたのです。

常に闘争の勝者になれればよいのですが、現実はそうとは限りません。エヴァンゲリオン初号機に乗り込むシンジのように「逃げちゃ駄目だ」と自分に言い聞かせて闘争を続けるのは、あくまでも勝ち目のある場合に限定すべきです。自身が敗者となったとき、勝ち目のない相手に対して闘争心（闘争する意欲）を失うことなく戦い続けてしまうと、自身が死んでしまう、あるいは怪我をして、その後の繁殖にマイナスの影響が生じる可能性が小さくありません。それならば、いっそのこと闘争は取りやめて低い地位を甘んじて受け入れたほうが、自身の生存や今後の繁殖の可能性を維持するうえでは、まだましな選択となります。敗者自身の意欲を失わせ、闘争をいわば強制終了させることが、防御反応としてのうつ状態の役割というわけです。実際、うつ状態は本人の意思や希望にかかわらず、行動を強制的に変えてしまう効果があります。やる気の喪失、睡眠障害、食欲不振などの症状が発症することで敗者は身体を思い通りに動かすことができなくなり、闘争を続けることが不可能になります。

こうした「うつ状態が一種の防御反応である」という考えに基づいて、新たな仮説が生み出されます。敗者が自身の敗北を素直に認めて受け入れた場合にはうつ状態は消えるという仮説です。なぜなら、すでに闘争する意欲をなくし、大きな被害を受ける危険のない敗者にとっては、うつ状態になる利点が存在しないためです。実際、ランク理論の研究者による症例研究で、この仮説を示唆する結果が得られています。

ヒトは他者の表情変化に敏感です。うつ状態になった人は、特徴的な落ち込んだ表情となり、元気のないことが周囲に分かりやすくなります。本人は意識していないものの、表情が戦う意欲のないことを周囲に伝えるシグナルとして機能し、勝者からの攻撃を未然に防ぐ効果を生み出します。

強制的に心身を休ませる

うつ状態が一種の防御反応であるという考えは、進化的な観点の導入によって提示されたものです。病気の症状という一般的には望ましくないとされてきたものが、場合によってはむしろ有益であるという見方は、それ自体が興味深いです。さらに、関連する研究の成果は、うつ病の治療法開発につながる可能性もあり、応用面でも期待できます。

ヒトがチンパンジーとの共通祖先から枝分かれしたのは約700万年前ですから、人間行動の進化の時間的スパンは数百万年のスケールになります。文明が発生する前提条件となる農耕の開始はほんの約1万年前で、それ以前のずっと長い期間、ヒトは小集団（100人から150人程度）からなる狩猟採集社会で生活していました。そうした私たちの祖先にとって、闘争で敗者になったとき、所属集団を変えてやり直すことはかなり難しかったことでしょう。嫌でも勝者と同じ集団に属する状況が続くことが多かったと思われます。そうした状況では、意欲を失わせ、闘争を強制終了させるうつ状態は確かに防御反応として有効だったのかもしれません。

現代の私たちにおいても、競争社会で生き残ることは重要とされています。しかし、いつも期待通りにいくとは限りません。仕事でもプライベートでも過剰に頑張り続け、それ以上無理をすると命にかかわるような状況下では、強制的にでも心身を休ませることが必要です。そう考えると、防御反応としてのうつ状態は現代でもなかなか優れた仕組みだと思えるかもしれません。しかし、その一方で、うつ状態が強くなると、生活のために必要な活動も困難になり、最悪の場合、自殺に至ることもあります。日本の自殺者は年間２万人を超えており、厚生労働省の自殺・うつ病等対策プロジェクトチームも「うつ病等の気分障害が自殺の要因として特に重要である」と述べています（注13）。いくら防御反応として有効な可能性があるとはいっても、自殺のリスクを考えると、うつ状態を放置すべきだとは言えないでしょう。緊急時に心身を休ませる手段として、うつ状態になることとは別のより安全な方法を選択することができるなら、それに越したことはありません。

現代では、別のより安全な方法は十分ありえます。ここでは、現代の私たちは狩猟採集社会とは大きく異なる社会に生きているという進化的観点が重要です。対立や競争が生じても命にかかわる事態にはならないような社会制度が発達しています。たとえ敗者になったとしても、転校や転職などで環境を大きく変えることが可能です。ネットを通じて遠方の人たちと新しい集団を一から作ることもできます。人間関係のリセットも不可能ではありません。「逃げちゃ駄目だ」ではなく、別の場所で新しくやり直したほうがよい、休養したほうがよい、という状況は当たり前にありえるでしょう。このように、うつ状態になること以外の防御の方法を模索するうえでも、進化的観点に基づいた人間行動研究はさまざまなヒントを与えてくれます。

進化心理学では、心も進化によって形成されたという前提に基づいてヒトの心理を研究します。まさに進化的観点に基づいて人間を理解しようとする学問分野です。進化心理学のパイオニアであるレダ・コスミデスらにより1992年に出版された『The Adapted Mind』（適応した心）には、ヒトの脳も進化の産物であること、脳の働きに個人差はあるものの基本部分は誰でも共通していること、その基本部分はヒトという種に固有の情報処理プロセスであること、が述べられています。

ヒトを対象とした研究に進化的観点を導入することは、人間とは何かという本質的な問いに答えるうえで重要であることに加えて、得られた知見をさまざまな分野の問題解決に応用する段階に達しつつあります。

【注釈】

注1：「『シン・エヴァンゲリオン劇場版』及びゴジラ新作映画に関する庵野秀明のコメント」株式会社カラー（2015年4月1日）

注2：「『シン・エヴァンゲリオン』でのシンジのうつ回復プロセスは正しいのか、専門家に聞いてみた」@DIME（2021年6月3日）

注3：国際プロサッカー選手会「FIFPRO」による現役のプロサッカー選手のメンタルヘルスに関する調査（2015年10月6日発表）

注4：川上憲人　厚生労働省厚生労働科学研究費補助金　厚生労働科学特別研究事業「心の健康問題と対策基盤の実態に関する研究」平成14年度総括・分担研究報告書　2003年

注5：咳、発熱、下痢、嘔吐などの感染症の典型的症状は身体の防御反応とみなせます。咳は、異物を吐き出すための反応です。発熱して体温を高くすることは、病原体の増殖を抑制する効果があります。下痢や嘔吐は病原体を体外に排出しますし、鼻水は異物を押し流します。病原体に感染するとこれらの症状を呈する性質は、進化の過程で生存に有利となるように獲得されてきたものです。

注6：今日の生物学ではヒトの性質については特に、遺伝か環境か？　あるいは、氏か育ちか？　という二者択一の問いは時代遅れとみなされています。どの性質にも遺伝と環境の両方の影響があり、それらがどのような状況下でどのように相互作用しているのかという観点が重

要になっています。
注7：個体群の中に様々な遺伝子が存在し、ある遺伝子Aをもつ個体が生存や繁殖で有利になる状況があれば、遺伝子Aをもつ個体はより多くの子孫を残すことになり、遺伝子Aの頻度は次世代で増加することになります。これが自然選択です。ある遺伝子の作り出す性質が何であれ、その性質が結果として個体の生存や繁殖の可能性を高めるのであれば、自然選択は働きます。咳や発熱を生み出す遺伝子は、それらの遺伝子をもつ個体の生存や繁殖の可能性を高めることで、世代を経るにつれて集団中で頻度を増やし定着したと考えられます。防御反応が進化したということは、具体的にはこうしたプロセスが進行したということです。
注8：進化という言葉は日常的には、より高等な状態に変化するという意味で使われることが多いです。しかし、生物学における進化の定義には、高等という概念は含まれていません。こうした日常的な意味と生物学における定義の違いが、様々な誤解や混乱を生み出しているようで、注意が必要です。生物学における進化の定義は「世代を超えて伝わる性質に生じる変化」です（河田雅圭　1990年『はじめての進化論』講談社現代新書）。世代を超えて伝わる性質は遺伝的性質と呼ばれます。遺伝的性質が変化するということは遺伝子が変化するということですから、進化を「集団内の遺伝子頻度の変化」と定義することもできます（『岩波生物学辞典』）。
注9：進化生物学を医学に応用する進化医学の第一人者であるランドルフ・ネシーもこのこと

を強調しています。例えば、肺炎患者の典型的な症状は顔の青白さと激しい咳です。顔の青白さは、酸素不足によってヘモグロビンの色が暗くなるため生じます。酸素不足は体の欠陥であって、顔の青白さには特に有用性はありません。咳は防御反応ですが、顔の青白さはそうではないのです。Nesse, R. M., & Williams, G. C.（1995）. Why we get sick: The new science of darwinian medicine. Times Books.（長谷川眞理子、長谷川寿一、青木千里訳　２００１年『病気はなぜ、あるのか―進化医学による新しい理解』新曜社）

注10：発熱の場合は、病原体の増殖を抑えるというプラスの側面と同時にマイナスの側面もあります。発熱時は栄養の消費量が多くなりますし、男性の場合は生殖機能に悪影響が生じることがあります。進化医学の観点からは、こうした発熱のプラス・マイナスの両面を考慮して、免疫システムを最も有効に働かせる体温は何度なのかを検討しながら治療方針を決めることになります。

注11：Stevens, A., & Price, J.（1996）. Evolutionary psychiatry: A new beginning. Routledge.

注12：McGuire, M. T., & Raleigh, M. J.（1987）. Serotonin, social behaviour, and aggression in vervet monkeys. In Ethopharmacology of Agonistic Behaviour in Animals and Humans. Volume 7 of the series Topics in the Neurosciences, 207–222.

注13：「自殺既遂者に対する調査からは、うつ病等の気分障害が自殺の要因として特に重要で

あることが明らかになっており、厚生労働省における自殺対策においても、その中核となっているのはうつ病対策です」　自殺・うつ病等対策プロジェクトチームとりまとめについて
2010年　厚生労働省

「自殺」という絶望が生み出した幸福感

自殺はヒトに特有の行動

新型コロナウイルス感染症が猛威をふるっていた当時、自殺者の増加が度々ニュースになりました。厚生労働省の調査により、2022年の自殺者数は日本全国で2万1000人を上回り、増加傾向にあることが明らかとなりました（注1）。コロナ禍で深刻化した孤立が自殺増加の主な原因と考えられることから、政府は自殺対策として孤立防止を重視する方針で、相談体制の整備や地域での居場所づくりを推進する重点計画を2021年12月にまとめています。

コロナ禍で改めて注目される自殺ですが、世界保健機関によると、全世界の死因の1・4%は自殺であり、年間約80万人が自殺で死亡しています。この数値は戦争と殺人による死亡者数の合計を上回ります。自殺にまでは至っていないものの、自殺を試みた人や自殺を考えた人はかなりの数に上ることが分かっており、世界の人口の2・7%が自殺を試みた経験があるという報告があります。米国の調査では、2017年の米国成人の約4%、約1000万人が自殺を真剣に考えたという結果が得られています。この数値は同年に自殺で死亡した人数の200倍以上です（注2）。狩猟採集民から先進国まで、あらゆるタイプの社会で自殺は報告され、また、あらゆる時代の歴史的記録に自殺の記述があります。自殺はヒトに特有の行動であるという考えが有力です。ヒト以外の動物が意図的に命を絶つことを示す説得力のある証拠は見つかっていません。また、幼い子どもが自殺することは極めてまれです。米国の青少年の自殺率は上昇しているものの、2017年に米国で自殺した約4万7000人のうち、8歳から10歳の子どもはわずか17人であり、7歳以下の子どもで自殺した例はありません（注2）。これらのことから、自殺を選択するのには高い認知能力が必要であるように思われます。

ヒトはなぜ自殺するのかという問題について、進化の観点から考えていきます。

「死」の理解がきっかけ

進化の歴史のある時点で、人類は死が身体と精神を消失させるということを理解するようになりました。その結果、肉体的・精神的苦痛から逃れるために、自殺を選択する人が現れるようになったと考えられます（注3）。

自分を殺すと、どのような結果となるのでしょう？　人類の祖先は他者が殺害されたときの状態を観察することで、自己殺害の結果を理解しただろうと推察できます。肉体が死ぬとその個体は消失し、二度と戻ってきません。この事実は、チンパンジーも理解できるようで、オランダのアーネム動物園で飼育されているチンパンジーたちに、2年前に溺死したアルファオス（いわゆるボス猿）の個体が映ったビデオフィルムを見せたところ、彼らは幽霊を見たかのようにパニックになったことが報告されています（注4）。人類の祖先も、他者の死の結果に基づいて、自分の死に関する仮想推論（もし……だったら……だろう）を行うことにより、自分が死ぬと自分の肉体が消失すると理解したのでしょう。

自分の死を理解することについては、もう一つ重要な点があります。肉体が消失したとき、精神はどうなるのか、という問題です。他者が死亡した姿を目の当たりにしても、その精神の状態について直接観察はできません。しかし、状況証拠から推察することはできます。ヒトは「心の理論」（注5）をもち、他人の外見的な状態や行動から、その人の精神状態を推察しようとします。ある人の身体について、自発的に行動することがなくなり、刺激を加えても反応しない姿を見たとき、その人の身体の中にはもう誰もいない、すなわち、もはや心が存在しないと考えるのは自然なことでしょう。

こうしたことから、高度な認知能力（仮想推論、心の理論など）を発達させた人類は、進化のある段階で、自分を殺害することで自分の身体も精神も消し去ることができるという事実に気が付いたと考えられます（注6）。

すべての問題から自由になれる

自殺は、その動機によって、他の人の利益のために行う場合と、自己の利益のために行う場合に大別されます。利他的自殺と利己的自殺です。第二次世界大戦における日本軍の特攻隊は利他的自殺の例と言えそうです。自分が犠牲となり敵を倒すことで、他の日本人を救おうという動機に基づくものと考えられます。疫病や戦争といった極限状況において、仲間を救うために行われるこうした自己犠牲は、ヒトにしばしばみられることです。

利己的自殺の場合、自分にとっての利益は、苦痛からの解放でしょう。自分の精神をこの世界から消し去ってしまえば、自分の苦痛も消えます。世界中のどの地域でも自殺者の大多数は利己的自殺です。人類学者のチャールズ・マクドナルドは、自殺の動機について詳細に検討し、「密接な関係にある人々に対する悲しみや葛藤、そして肉体的苦痛が、他のどんな状況よりも頻繁に自殺を引き起こし、促進する」と結論しています（注7）。臨床医のエドウィン・シュナイドマンは、自殺の共通の目標は意識の停止であるとし、「停止という考え、つまり、すべての問題から自由になれる、この混乱から抜け出せる、借金を帳消しにできる、この苦悩から自分を解放できる、この病気を止められるという考えが、自殺の転機となる」と述べています（注8）。

ウェルテル効果

ヒトは苦痛から逃れたいという欲求を持っています。この点については他の動物も同じでしょう。しかし、ヒトは他の動物と異なり、苦痛から逃れる有効な方法を理性によって考案することができます。その結果、すでに述べたように、自殺すれば苦しみも消えるという事実に基づいて、自殺が苦しみから逃れるための有効な解決策であるという結論を合理的に導くことができてしまうわけです。

自殺を実行するのに特別な専門知識は必要ありません。崖から飛び降りる、毒を飲む、刃物で手首を切るなど、やろうと思えば誰でもできてしまいます。さらに、自殺は伝染しやすいことが分かっています。著名人が自殺したという情報が広まると、それに影響されて自ら命を絶つ人が増加します。この現象は「ウェルテル効果」と呼ばれていますが、この名称は、ドイツの文豪ゲーテが『若きウェルテルの悩み』を出版した際に、主人公を模倣するように数百件の自殺がドイツ全土で発生したことに由来しています。研究によると、ウェルテル効果は非常に強いものであるようです（注9）。例えば、1962年のマリリン・モンローの死は自殺の可能性が高いと報道されましたが、1カ月で200人の自殺者を増やしたと推定されています。

ヒトは精神を高度に発達させた結果として、道徳や正義に反する不幸な事態にみまわれたときに、心に大きな傷を負うというリスクを背負うことになりました。ヒトにとって自殺は、苦痛から逃れるための合理的な方法であり、それを容易に実行できる手段があり、さらに伝染しやすいという特徴があります。このように考えると、ヒトという心が傷つきやすい生物において、自殺が死因順位の上位を占めることも不思議ではないと思えてきます。

死後の世界という信仰で自殺防止

人類は進化の過程でアフリカから各地へと進出しました。新たな環境での生活は、過酷なことも多かったはずです。特に高緯度地域では、凍てつくような気候の中で、風雨と戦い、隣人との激しい競争で、絶望する機会はいくらでもあったことでしょう。人類の歴史上、人口が非常に減少した時期があったことが示唆されています。その原因として戦争、疫病、火山の噴火による気候変化などが考えられてきましたが、自殺の流行もあったのかもしれません。

　ヒトが容易に自殺する生物であるならば、過酷な状況におかれたであろう人口減少期に自殺が流行し、そのまま絶滅していてもおかしくないように思われます。しかし、実際にはヒトは世界各地で生き残りました。このことから、ヒトには自殺に対する防御策が備わっているという可能性が考えられます。そうした防御策の一つは、自殺に対する文化的障壁の存在です（注10）。

　多くの宗教は、死んでも精神は消失せず、死後の世界で存在し続けるという信仰を作り上げています。ここから、自殺により自分の精神を消すことができるという前提は否定され、自殺しても苦しみから逃れることはできないことになります。これでは、自殺しても無駄です。さらに、自殺すると死後の世界で苦しむことになるという教えをもつ宗教もあります。特にイスラム教では、自殺者は罪人と同じく死後に地獄で苦しむという信仰が強くあります。苦しみから逃れたくて自殺しても、ますます苦しむことになるというわけです。

中世キリスト教では自殺は大罪とされ、自殺者はまともな埋葬を受けられず、心臓に杭を打ち込まれました。多くの国で最近まで、自殺は犯罪とみなされていました。イギリスでは、自殺未遂が非犯罪化されたのは1961年です。1961年以前の10年間に6000人近くが起訴され、そのうち5400人が有罪となり、禁固刑や罰金刑に処されています。

また、自殺の情報に触れる機会を制限することで、その影響を抑えようとする取り組みも行われてきました。ヨーロッパでは、ゲーテの『若きウェルテルの悩み』の影響が明らかになった後、すぐにいくつかの国で出版禁止となりました。ドイツでは、青いコートに黄色いズボンをはいた若きウェルテルのような服装をすることさえも禁止されました。現在、多くの国では、自殺の報道について、センセーショナルな見出しをつけないよう、厳しいガイドラインが設けられています。

こうした文化的・社会的な仕組みが自殺に対する抑止力として機能していることは間違いないでしょう。例えば、イスラム圏で実際に自殺率が低いのは、イスラム教の地獄の教えと関係があると考えられています。

自己欺瞞としての幸福感

文化的・社会的な仕組みとは別に、ヒト自身に自殺に対抗する防御メカニズムが備わっているという考えがあります。近年、臨床心理士のクリフォード・ソーパーが、幸福感は自殺に対する防御メカニズムとして進化したという説を提唱し、注目を集めています（注11）。

ソーパーの主張は、「人生で苦痛を感じ、そこから逃れるために自殺の誘惑にかられたときでも、生きることは価値があると考え、人生に希望を感じる個体は、自殺を思いとどまり、生き続けることができた。このように、人生は生きるに値すると肯定的に感じられる心性を備えた個体が生き残ったため、人類は生きることに希望や幸福を感じるという性質を備えるようになった」というものです。

さらに、ソーパーは、ヒトに高度に発達している自己欺瞞の能力についても、自殺に対する防御メカニズムとの関係で論じています。彼によると、ヒトが自分を欺くのは、他者とのだましあいという社会心理的な操作（注12）のためというよりも、厳しい現実をそのまま客観的に受け入れるのではなく主観的にゆがめて受け入れたほうが、生きることを希望に満ちたものと肯定的に考えるうえで有効であるというのです。

ソーパーの説に基づくと、ヒトに備わっている幸福感や楽観という肯定的な心性は、ヒトが自殺という選択肢を持っていたからこそ進化したということになります。進化の観点を導入することにより、自殺と幸福、まさに絶望と希望という真逆の価値が表裏一体の関係にあるとする彼の主張は印象深いものです。

ソーパーの説については、ポジティブ心理学やウェルビーイングの心理学で扱われているテーマを、進化に関する概念や用語を用いて言い換えたものと考えられるという指摘があり、特にポジティブ心理学における「苦しみを通して栄える」という理論との類似が注目されています（注13）。別々の学問分野で発達した概念に共通性が見つかるというのは研究の醍醐味ですが、進化の観点がそうした意味でも有効なアプローチであることをソーパーの説は示しているようです。

逆説的なヒトの本質

この項では自殺というテーマについて、ヒトの進化の観点を含め、いろいろな知見を紹介しました。このテーマを扱う人たちの多くは、何とかして自殺を減らしたいと考えています。一時しのぎの対策ではなく、根本的な解決策を確立したいとの思いで自殺の問題に取り組むうちに、人間の本性とは何かという問題に相対するようになり、進化の観点に到達するという研究者は少なくないようです。

自殺という選択肢が可能となってしまった人類において、どのような場合に人は自殺を選ぶのか、どうすれば自殺を防止できるのか、という問いは、当然ながら自殺者の減少という目的のために重要ですが、学術的にも非常に興味深く、ヒトとは何かという根本的な問題につながっています。特に自殺と幸福が表裏一体の関係にあるという観点は、逆説的にヒトの本質をついていて、強い印象を受ける人が多いようです。確かに、絶望の只中から希望が生まれるという筋書きは古今東西の物語に散見されます。人々がそのような物語に引き付けられることについても、今回のテーマを踏まえると、改めて感慨深く思えてきます。

さまざまな研究が今後も発展を続け、その成果が自殺に関する新たな視点の獲得につながり、人々の幸福に寄与する結果となることを期待したいです。

【注釈】

注1：「コロナ禍で自殺者増加、失業者2倍　求められる『人との接点』」産経新聞（2023年3月14日）

注2：Have humans developed natural defenses against suicide?　Elizabeth Culotta, Science Magazine. 2019/08/22.

注3：Humphrey, N.（2018）. The lure of death: suicide and human evolution. Philosophical Transactions of the Royal Society B: Biological Sciences, 373（1754）, 20170269.

注4：De Waal, F.（2007）. Chimpanzee politics: Power and sex among apes. JHU Press.

注5：他者にも心があることを理解している個体は「心の理論」を持つと言われます。心の理論は、他者に共感したり、他者の視点に立って物事を考えるうえでの土台となる能力と考えられます。第3章「信仰心は反社会的行為を抑制するのか?」の項を参照。

注6：Stengel, E.（1969）. Suicide and Attempted Suicide. P/B, rev. ed.

注7：Macdonald, C. J-H.（2003）. Urug. An anthropological investigation on suicide in Palawan, Philippines. Japanese Journal of Southeast Asian Studies, 40（4）, 419–443.

注8：Shneidman, E. S.（1980）. Voices of death. Harper & Row.

注9：Garland, A. F., & Zigler, E.（1993）. Adolescent suicide prevention: Current research and social policy implications. American Psychologist, 48（2）, 169–182.

注10：Barbagli, M.（2015）. Farewell to the world: A history of suicide. John Wiley & Sons.
注11：Soper, C. A.（2021）. The evolution of life worth living: Why we choose to live. C. A. Soper.
注12：Trivers, R.（2011）. Deceit and self-deception: Fooling yourself the better to fool others. Penguin UK.
注13：Wong, P.（2022）. Review of The evolution of life worth living: Why we choose to live. International Journal of Wellbeing, 12（3）.

自己制御メカニズムなき「依存症」は進化のミスマッチ

報酬系は生存や繁殖にとって重要なシステムだった

有名人の違法薬物使用事件がしばしば報じられます。執行猶予中に再犯で逮捕されたというケースも少なくない印象です。薬物依存症になると、セルフコントロールが利かなくなり、やめたくてもやめられずに再犯を繰り返す、と言われています。薬物依存症ほどに深刻ではなくても、たばこやお酒を健康のためにやめたいけれども、なかなかやめられないという話はよく聞きます。

私も食事が同じようなメニューになりがちで、栄養バランスを考えるとよくないと自覚していますが、ついつい好きなものばかりを選んでしまいます。個人の自由が尊重される現代社会では、特定のものを繰り返し選択し続ける自由もあるため、依存症はだれにとっても身近な問題と言えます。

薬物依存症やその他の依存症において、治療が非常に難しいケースが少なくないことが判明するにつれて、なぜそれほどまでに難しいのかというテーマが注目されるようになりました。近年、そのテーマに進化の観点を導入した研究が盛んになっています。ここでは、そうした研究についてご紹介します。

私たちの脳内には報酬系と呼ばれる神経ネットワークがあります。この神経ネットワークは、心地よい刺激を受けると活性化され、快楽物質であるドーパミンを分泌します。こうした刺激は、欲求が満たされたときに生じるのですが、そのため私たちは快楽を得ようと特定の行動を繰り返すようになるわけです（注1）。

ここでの欲求とは、食欲や性欲の他、ゲームで勝つこと、周囲から評価されること、お酒を飲んでリラックスすること、薬を使って体調がよくなること、などさまざまあります。勉強や仕事で成果をあげることで周囲から評価され、それにより脳内の報酬系が働いて、心地よさを感じ、ますます勉強や仕事の意欲が高まる、という場合もあるでしょう。これは望ましい状況で、報酬系の理想的な活用法と言えそうです。

それとは対照的に、欲求を満たす行動をやめられず、日常生活や健康、仕事などに悪影響が生じているような状況におちいる人たちもいて、依存症とみなされます。報酬系が特定の対象（刺激）による影響を強く受け、その対象を欲することをやめられなくなっている状態です。日本では、約10万人のアルコール依存症、約1万人の薬物依存症、約3000人のギャンブル等依存症の患者が病院で治療を受けていますが、依存症は本人に自覚がないことが多いため、実際の患者数はこれらの数値よりもかなり多いと考えられます（注2）。

依存症の診断基準としては「精神疾患の診断・統計マニュアル（DSM-5）」や「国際疾病分類（ICD-11）」が有名です。これらの資料のなかで、病的な依存を生じやすいものの（物質）として、アルコール、処方薬、市販薬、ニコチン、カフェインなどが挙げられています。違法薬物ではない処方薬や市販薬でも不適切に使用すると依存症のリスクがあるわけです。

報酬系は動物界で広く見られるシステムで、その進化的起源はかなり古いと考えられています。神経伝達物質であるドーパミンは、食物や交配相手など、自身にとって有益な刺激を受けたときに脳内に快楽を生じさせ、行動意欲を高めるように作用します。こうしたドーパミンの働きに基づいた報酬系は、生存や繁殖にとって明らかに重要なシステムですから、ヒト以外の動物にも広く共通して存在していることに不思議はありません。

一方で、ヒトは太古から薬物を利用してきました。アルコールも薬物の一種です。5000年前のメソポタミア文明の粘土板にビールの製法が記録されています（注3）。アヘンに関しては紀元前3400年に文献記録があります（注4）。ヒトはこれらの精神作用物質を、狩猟採集生活をしていた旧石器時代から有効利用していたことが多くの証拠から示されています（注５）。約１万３０００年前、ティモールの人々はビンロウを普通に使用していて、約１万７００年前のタイの住民もそうでした。

また、私たちの祖先は、抗菌作用や麻酔効果のある植物を怪我や病気の治療に活用していたと考えられます。約１万４０００年前の人骨から歯科治療の痕跡が見つかっていますが、その方法は歯の病巣内部を削り取るというもので、何らかの麻酔が用いられたことが予想される状態でした（注６）。旧人類まで範囲を広げると、３万５０００年以上前のネアンデルタール人が外傷後にかなりの年数にわたり感染や後遺症がほとんどない状態で生存していたことを示す証拠が見つかっています（注７）。この状況は抗菌作用のある植物を利用しなければ、不可能であったと考えられます。こうしたことから、私たちの祖先にとって、ある種の薬物を含む植物を好む性質は生存に有利であったと考えられます。

薬物を含む植物を好んで利用していたと思われる旧石器時代の私たちの祖先は、薬物依存症になることはなかったのでしょうか？　その可能性はかなり低かったと考えられます。当時は、依存症になるほどに長期にわたって大量の薬物を入手できる環境はほとんどあり得なかったことでしょう。農業が普及し、人々が定住するようになり、さまざまな植物の大量生産が可能になったのは、人類の歴史のなかで非常に最近のことです。それ以前の時代は、薬物を含む植物の流通量はヒトを依存症にするのには少なすぎたことでしょう。

同様のことは、糖分にも当てはまります。ヒトは一般的に甘いものが好きです。かつてのヒトは飢餓と隣り合わせの生活でした。糖は優れた栄養素ですから、甘いものを見つけたならば、とにかく食べられるだけ食べてしまい、脂肪として蓄えておくことが、当時のヒトにとって、生存率を高めるのに有効だったことでしょう。つまり、甘いものが好きであるという性質は、当時は適応的だったわけです。しかし、現代の社会では、甘いものはその気になればいくらでも入手できてしまいます。甘いものが好きという感情のままに、糖分を摂取し続けると、肥満や糖尿病などの生活習慣病のリスクが高まり、むしろ生存を脅かす危険があります。

こうした糖分の取り過ぎで生存率が下がるという事態は、糖分を含む食物が大量に存在するという条件下で初めて生じ得ます。その条件が満たされたのはごく最近のことで、ヒトの進化過程のほとんどはそうではありませんでした。そのため、ヒトの身体は糖分の摂取過多を防ぐような自己制御メカニズムを持っていません。そのようなメカニズムが進化する機会がなかったためです。同様の理由で、ヒトの身体は薬物の摂取を控えるような自己制御メカニズムを持っていないと考えられます。

薬物の場合とは対照的に、ヒトは水分摂取（飲水行動）については自己制御メカニズムを備えています。生物にとって体内の水分量の調整は非常に重要です。そのため、ヒトの脳内には、体内のナトリウムイオン濃度を一定に保つため、ナトリウムイオン濃度に応じて水分摂取（喉の渇き）をコントロールする神経回路が存在します（注8）。ヒトは進化の過程で、身近に大量の水がある環境を普通に経験してきたことでしょう。そのため、水の摂取過多を防ぐ自己制御メカニズムが進化したと考えられます。このように、進化の観点を導入することにより、ヒトが水分摂取の自己制御メカニズムは持っていても、薬物摂取の自己制御メカニズムは持っていない理由が理解できます。

生存に有利だったシステムが依存症を生んだ

これまで述べてきたように、ヒトは食物や一部の薬物に対して報酬系が活性化するようにできています。ヒトの進化過程のほとんどにおいて、食物や一部の薬物は貴重な資源であり、機会があれば積極的に摂取することが生存において有利だったと考えられます。そのような状況下では、食物や薬物を刺激として報酬系が活性化することは有効でした。糖分を多く含む食物の継続的な大量摂取はほとんどありえなかったでしょうから、取り過ぎの心配はありません。したがって、ヒトが身体的には糖分摂取の自己制御メカニズムを持っていなくても不思議ではありません。そのようなメカニズムは必要なかったのです。

このようにヒトは糖分摂取の自己制御メカニズムを持っていないため、周りに甘いものが大量に存在する環境で生きる現代の私たちは、健康のために糖分摂取を自らの意志によってコントロールする必要が生じます。要するに節制するということです。しかし、一般的に甘いもの好きな生物であるヒトが、報酬系が活性化した状況においてセルフコントロールすることは難しいだろうと予想されます。実際に糖分の摂取過多により肥満となる人は多いです。

薬物についても同様です。ヒトはある種の薬物を好む傾向がありますが、薬物摂取の自己制御メカニズムを持っていません。そのため、薬物摂取を自らの意志でコントロールする必要があります。違法薬物を使用しないことは言うまでもありませんが、合法の薬物(市販薬、処方薬、アルコールなど)であっても、適切なかたちで摂取しなければなりません。しかし、実際にはセルフコントロールのできない人も多く、薬物依存症やアルコール依存症の対策が多くの国で問題となっています。現代のヒトは薬物依存症に対して脆弱《ぜいじゃく》な生物と言えます。

本来は生存にとって有利であるがゆえに進化してきた脳内の報酬系のシステムが、食物も薬物も大量摂取が可能となった現代の環境においては、依存症という望ましくない状態を生み出す一因になっています。これはまさに、環境の激変によって生じてしまった進化のミスマッチの例と言えるでしょう。

進化の観点からの生活史理論

現代のヒトは薬物依存症に対して脆弱であると述べましたが、現代人がみな依存症になるわけではありません。依存症になる人とならない人がいます。その差を生み出す要因は何なのでしょう？　薬物依存症の深刻なケースと考えられる違法薬物使用者の割合は、性別、年齢、経済状況について一貫したパターンを示すことが知られています。女性よりも男性に多く、年齢は若年層に多く、社会経済的地位の低い人（低学歴で貧困）に多いです。

これらのタイプの人たちがなぜ薬物依存症になりやすいのかについて、「生活史理論」に基づいた進化の観点を導入することで説明する研究が行われています（注9）。生活史理論とは、どのような環境においてどのようなタイプの生活史が有利なのかを説明する理論です。

生活史理論は、生物の生活史が自然選択による適応進化の結果として形成されてきたという前提に基づいて、生物の種間や種内の生活史「戦略」の多様性について理解するための枠組みです。生活史「戦略」とは、誕生・成長・繁殖・死など、生活史を構成するイベントのパターンやタイミングのことです。こうした生活史のイベントにおいて、どのようなパターンやタイミングが適しているのかは、生物がおかれている環境や条件によって異なるため、生物界にはさまざまな生活史「戦略」が存在することになります（注10）。

生物の生活史戦略の代表的な例は「性急な戦略」と「緩慢な戦略」です。この二つは、生活史戦略を成長や繁殖の観点から対比的に分類したものとして、重視されてきました（注11）。性急な戦略の生物は、成長速度が速く、親による子の世話（養育）を最小限にしながら、生み出す子の数は多く、死亡率は高く、寿命は短いという傾向があります。性急な戦略は不安定で過酷な環境におかれた生物に適していると考えられます。

それとは対照的に、緩慢な戦略は、親による子の世話（養育）に大きなコスト（時間や労力の投資）を費やし、生み出す子の数は比較的少なく、死亡率は低く、寿命は長いという傾向があります。死亡率が低いため、生み出す子の数は少なくても、いずれかの個体が生き残ることの期待値は高くなります。緩慢な戦略は安定的で安全な環境におかれた生物に適していると考えられます。

魚類は一般に性急な戦略の種が多く、哺乳類は緩慢な戦略の種が多いと言えます。このように種間の生活史戦略の違いを生活史理論に基づいて説明することができます。種内の個体差についても同様で、一般に、不安定で過酷な環境におかれた個体は相対的に性急な戦略になり、安定的で安全な環境におかれた個体は相対的に緩慢な戦略になることが予測されます。

ヒトにおいて性急な戦略になることが特に強く予測されるのは、男性・若年・低学歴で貧困という条件に当てはまる人たちです。性急な戦略における典型的な行動として、リスクテイク行動があります。男性は生涯の繁殖成功（子どもの数）の個人差が女性より大きく、特に青年期は交配相手や集団内での地位を巡る競争が生涯で最も激しい時期です。そのため、青年期の男性は競争に勝利したときの見返りがそれだけ大きく、リスクを冒してでも競争に参加して利益を追求することの価値が高い状況と考えられます。それとは対照的に、女性は、生涯の繁殖成功（子どもの数）の個人差が小さいことから、自分の命を危険にさらす状況を回避して子育てに注力することで得られるものが多く、男性よりもリスクを取らない傾向になると考えられます。

男性も年齢を重ねると、すでに集団内に地位を獲得していることが多くなるため、配偶相手を求めることよりも家族や子どもの養育に労力を振り分けるという傾向になり、リスクテイク行動は減少すると考えられます。また、男女に共通した傾向として、将来の生存の見通しがあまり立たないような、過酷で予測不可能な環境では、そもそも失うものが少ないため、リスクは高いがすぐに報酬を得られる可能性がある行動を追求することによって得るものが多くなります。

依存症の人にしばしば見られる、セルフコントロールが不得手で、たとえリスクがあっても短期的利益を追求する傾向は、そのまま性急な戦略の特徴に重なります。一般に性急な戦略の人は、アルコール依存症、薬物依存症、ギャンブル依存症などの各種依存症に陥りやすい傾向があることが報告されています（注12）。前述したように、ヒトにおいて性急な戦略に最も当てはまるのは、男性・若年・低学歴で貧困という条件の人たちです。このような人たちに薬物依存症を始めとした依存症患者が実際に多いという事実は、生活史理論から得られる予測と一致しています。

幼少期の過酷な環境が依存症リスクになる

依存症を含む精神障害の研究に進化の観点を導入したものは近年、進化精神医学あるいは進化精神病理学と呼ばれ、注目されています。精神に関する症状に、なぜそのような状態にあるのかという観点からアプローチする進化精神医学では、依存症の症状を強化あるいは緩和する要因について、仮説を構築し、データに基づいた検証が行われています。

近年は特に、生活史理論の観点に基づいて、依存症の個人差の問題にアプローチする研究が盛んになっています。幼少期の養育環境と摂食障害（食物依存症の一種）との関係を明らかにした例など、特に幼少期の過酷な環境が各種依存症のリスクを高めることを示す研究が多いです（注13）。こうした現象は生活史理論における性急な戦略の表れであるとする見方が強まっています。このような知見の蓄積によって、依存症の効果的な予防法や治療法が開発されることを期待したいです。

【注釈】

注1：松本俊彦監修　2021年　『依存症がわかる本―防ぐ、回復を促すためにできること』講談社

注2：「依存症」こころの情報サイト　国立研究開発法人国立精神・神経医療研究センター精神保健研究所

注3：Katz, S. H., & Voigt, M. M.（1986）. Bread and beer. Expedition, 28（2）, 23–34.

注4：Booth, M.（2013）. Opium: A history. St. Martin's Griffin.

注5：

Hardy, K.（2020）. Paleomedicine and the evolutionary context of medicinal plant use. Revista Brasileira de Farmacognosia, 31, 1–15.

Saah, T.（2005）. The evolutionary origins and significance of drug addiction. Harm reduction journal, 2, 1–7.

注6：Oxilia, G., Peresani, M., Romandini, M., Matteucci, C., Spiteri, C. D., Henry, A. G., et al. & Benazzi, S.（2015）. Earliest evidence of dental caries manipulation in the Late Upper Palaeolithic. Scientific reports, 5（1）, 1–10.

注7：Trinkaus, E., & Zimmerman, M. R.（1982）. Trauma among the Shanidar Neandertals. American Journal of Physical Anthropology, 57（1）, 61–76.

注８：「水分摂取を抑制する脳内メカニズムを解明 口渇感を調節する新たな脳機能の発見」東工大ニュース（２０２０年11月10日）東京工業大学

注９：Durrant, R., Adamson, S., Todd, F., & Sellman, D. (2009). Drug use and addiction: Evolutionary perspective. The Australian and New Zealand Journal of Psychiatry, 43 (11), 1049–1056.

注10：生活史理論で特に重要となるのは、成長・自己保全・繁殖の三つのタスクにおけるトレード・オフです。一般に、成長に配分する資源を増やすことは、競争において有利となり、自己保全に配分する資源を増やすことは生存率を高めるうえで有利となります。繁殖に配分する資源を増やすことは、次世代に子どもを残すうえで有利となります。生物個体にとっては、いずれのタスクにも資源を無制限に投入したいところですが、実際には資源は有限であるため、タスク間での配分におけるトレード・オフが重要となります。さらに、鳥や哺乳類の多くの種のように、親が子を養育する生物では、繁殖に成功する、すなわち次世代に遺伝子を残すことに成功するためには、配偶者との交配というタスクに加えて、生まれた子を繁殖可能な段階まで養育するというタスクを成し遂げる必要があります。このように繁殖というタスクのなかに配偶と養育の二つのタスクが含まれる場合は、これら二つのタスク間でのトレード・オフも重要な問題となります。

注11：生活史戦略の「性急な戦略」と「緩慢な戦略」には、いくつかの別の呼称があります。

生態学のテキストでは「r戦略」と「K戦略」という呼称が用いられることが多いです。r戦略のrとは、個体が増加する速さを意味する内的増加率を表す記号で、K戦略のKとは、有限の空間の中で生存できる個体数の上限を意味する環境収容力を表す記号です。どちらも生態学では非常に重要な概念です。

注12：

Athamneh, L. N., Freitas-Lemos, R., Basso, J. C., Keith, D. R., King, M. J., & Bickel, W. K.（2022）. The phenotype of recovery VI: The association between life-history strategies, delay discounting, and maladaptive health and financial behaviors among individuals in recovery from alcohol use disorders. Alcoholism, Clinical and Experimental Research, 46（1）, 129–140.

Mishra, S., Templeton, A. J., & Meadows, T. J. S.（2017）. Living, fast and slow: Is life history orientation associated with risk-related personality traits, risk attitudes, criminal outcomes, and gambling? Personality and Individual Differences, 117, 242–248.

Tifferet, S., Agrest, S., & Benisti Shlomo, A.（2011）. Problem gambling: An outcome of a life history strategy. International Gambling Studies, 11（2）, 253–262.

注13：

Zhou, H., Wu, A. M., Su, X., Chang, L., Chen, J. H., Zhang, M. X., & Tong, K. K.（2023）.

Childhood environment and adulthood food addiction: Testing the multiple mediations of life history strategies and attitudes toward self. Appetite, 182 (1), 106448.

Zhang, M. X., Su, X., & Wu, A. M. S. (2022). Is fast life history strategy associated with poorer self-regulation and higher vulnerability to behavioral addictions? A cross-sectional study on smartphone addiction and gaming disorder. Current Psychology, 42 (2), 1–11.

Lai, X., Huang, S., Nie, C., Yan, J. J., Li, Y., Wang, Y., & Luo, Y. (2022). Trajectory of problematic smartphone use among adolescents aged 10–18 years: The roles of childhood family environment and concurrent parent-child relationships. Journal of Behavioral Addictions, 11 (2), 577–587.

第2章　「DV」「子殺し」「サイコパス」暴力と欠如の正体

愛着障害から生まれるパートナーへのDV

DVの特徴的なサイクル

「コロナ禍DV相談、過去最多」

このニュース見出しは、2021年5月21日の内閣府の発表に基づき、当時、報道各社が発信したものです（注1）。発表によると、2020年度のドメスティック・バイオレンス（DV）相談件数の速報値は19万30件で、2019年度の11万9276件から1・6倍に急増し、過去最多となりました。新型コロナウイルス感染拡大に伴う外出自粛や社会的ストレスの増加が要因になったものとみられると報道されました。新型コロナウイルス感染症の影響がこのようなところにも生じるのかと印象深く、記憶に残るニュースでした。

ドメスティック・バイオレンスとは、広義では「家庭内での暴力や攻撃的行動」（家庭内暴力）を意味します。夫、妻、子ども、祖父、祖母など、家族間で生じる暴力のことです。日本では1970年代に家庭内暴力という言葉が一般化し、社会的に注目されるようになりました。暴力を受けているのが児童の場合を児童虐待、配偶者間やパートナー間で暴力が生じている場合をパートナー間暴力と呼びます。近年、ドメスティック・バイオレンスはパートナー間暴力という狭義の意味で用いることが多くなっています。

パートナー間暴力については、犯罪として立件されるケース以外にも、実際の発生件数はかなり多いことが予想されます。パートナー間暴力が原因となった離婚や家庭崩壊は相当な数に上るでしょう。場合によっては、被害者が死亡するなど、重大な事態に至ることもあり、現代社会の深刻な問題の一つと言えます。こうしたパートナー間暴力について考えてみたいと思います。

改めてパートナー間暴力を定義すると、「配偶者や恋人など親密な関係にある、又はあった者から振るわれる暴力」となります。２００１年に施行された「配偶者からの暴力の防止及び被害者の保護等に関する法律」、いわゆるＤＶ防止法の第１条において、「配偶者（婚姻の届出をしていないが事実上婚姻関係と同様の事情にある者を含む）からの暴力」とは「配偶者からの身体に対する暴力又はこれに準ずる心身に有害な影響を及ぼす言動」とされています。パートナー間暴力の種類として、身体的なもの、精神的なもの、性的なもの、が定義されています（注２）。

２０２０年に内閣府が全国の20歳以上の男女５０００人を対象に実施した調査では、結婚したことのある２５９１人のうち女性の25・９％、男性の18・４％が配偶者からの暴力の被害経験ありと回答しています（注3）。DV被害者は女性という世間的イメージがありますが、実際には男性の被害者も少なくないようです。

パートナー間暴力の特徴はサイクルがあることです。「爆発期」「開放期（ハネムーン期）」「緊張形成期」からなる循環的なパターンを示します。被害者は「爆発期」に暴力を受けた後、「開放期」に加害者からやさしくされ、「これからは大丈夫ではないか」との期待を抱いて、加害者との関係を続けてしまいます。しかし、加害者は「緊張形成期」にイライラを蓄積することで、再び「爆発期」になり、暴力を振るいます。こうしたサイクルを繰り返すことにより、被害者は自尊心を失い、加害者との間に支配―被支配の関係が構築されてしまうと考えられます。

愛着障害の愛着スタイル

乳児が特定の人との密接な関係を求める傾向は愛着（attachment）と呼ばれています。精神科医のジョン・ボウルビィは、1960年代から1980年代にかけて、乳児の愛着行動に注目することにより、愛着理論と呼ばれる理論を定式化しました（注4）。ヒトの乳児は、養育者に対して愛着行動と呼ばれる行動を示します。養育者に対して微笑む、追いかける、抱き着くなどの行動です。こうした行動は、養育者を乳児へと引き寄せ、近づいた状態を維持する効果があります。ボウルビィは、略奪者（攻撃してくる可能性のある他者）が現れるかもしれない危険な状況において愛着行動が強く示されるという事実から、愛着行動は略奪者に対する防御機能として進化したという見解を述べています（注5）。

ボウルビィの愛着理論は、人間同士の親密な関係に関する心理学的、生態学的、進化生物学的な理論です。この理論では、幼児は、社会的・心理学的に正常に発達するために、少なくとも一人の養育者と密接な関係を築く必要があるとされています。愛着理論は、いろいろと修正を施されたうえで、今日一般的に受け入れられ、その概念は子どもの愛着関係を支援するための社会政策の策定などに活用されています。

幼児の頃に何らかの理由で養育者と密接な関係を築くことができなかった人は愛着障害を発症する場合があります。愛着障害の人は情緒や対人関係に問題を抱えます。例えば、相手と適切な距離をとることができず、過度に人を恐れる、逆に、誰に対してもなれなれしい態度を示す、という状態に陥りやすいです。

パートナー間暴力の加害者のなかには、パートナーに対しては暴力的・支配的であるにもかかわらず、第三者に対しては大人しく、礼儀正しいという、極端な内弁慶のようなタイプの人物がいます。近しい人に対してのみ対人関係の問題が顕在化するということから、パートナー間暴力の加害者のなかには、愛着障害の当事者が多く含まれているのではないかという可能性が示唆されます（注6）。実際、ボウルビィを含む多くの研究者がこの可能性を検証し、それが事実であることを報告しています。

ヒトの性質を愛着の観点から分類した愛着スタイルにはいくつかのタイプがあり（注7）、成人愛着面接などの方法で調べることができます。愛着スタイルは大きく安定型と不安定型の二つに分けられます。安定型の愛着スタイルの特徴は、信頼している相手がいて、その相手が自分を裏切らないと信じているということです。不安定型の愛着スタイルは、そうではありません。不安定型は「不安型」、「回避型」など、さらにいくつかのタイプに分けられます。不安型の愛着スタイルの特徴は人間関係に関して強い不安を感じる傾向があることで、回避型の愛着スタイルの特徴は相手と親密な関係になることを回避する傾向があることです。

パートナー間暴力の当事者の愛着スタイルのタイプを調査したところ、そこに一定のパターンが存在することが確認されています。例えば、妻に暴力を振るう夫は、そうではない夫よりも、不安定型の愛着スタイルを示す人の割合が高いことが報告されています（注

8)。また、デート中の言葉の暴力については男女ともに、回避型の愛着スタイルの傾向のある人は言葉の暴力を発する（加害者となる）頻度の高いことが報告されています（注9)。一方、パートナー間暴力の被害者については、不安型の愛着スタイルの人が多いという報告があります（注10)。また、パートナーの愛着スタイルの組み合わせについて調査したところ、回避型の男性と不安型の女性という組み合わせの場合に、パートナー間暴力が男性加害のケースも女性加害のケースもともに生じやすいことが報告されています（注11)。

交配や繁殖に関連した性的葛藤

ヒトの性行動に関する進化心理学研究で有名なテキサス大学教授のデイヴィッド・バスは、2011年に出版した共著論文の中で、パートナーへの暴力は一種の関係維持行動である可能性を示しました（注12)。以下、その内容を紹介します。

ヒトは、繁殖に関係する資源（交配相手、子育ての労力など）の獲得において、自分が有利となるように他個体に影響を与えるためのさまざまな戦術（tactics）（注13）を持っています。パートナーに対して、金銭的報酬や互恵性（助け合い）などの利益を与える戦術を行使することもあれば、逆に、脅迫や暴力によって相手から資源を引き出すという搾取的な戦術を行使することもあります。

ヒトは、特定の相手と数年から数十年にわたる長期的な性的パートナーシップ関係を結びます。これは、チンパンジーなどの類人猿も含め、他の動物にはほとんど見られない、ヒトのユニークな性質です。この長期的な性的パートナーシップ関係は、男性にも女性にも大きな利益をもたらすと考えられます。女性にとっての利点は、攻撃的な男性から自分の身を守ることができる、子どもたちの身を守ることができる、などです。男性にとっての利点は、父性の確実性（注14）を高めることができる、子どもの生存率を高めることができる、などです。

長期的パートナーシップという関係を維持する手段としては、例えば、夫が妻に継続的に資源を提供することで、妻が性的に誠実であり続ける可能性を高められるという研究報告があります。このように非暴力的手段によって関係維持を図ることは可能です。しかし、実際には、パートナー間暴力の発生は少なくありません。このことは、ヒトの男女間には交配や繁殖に関連した性的葛藤（進化的利害の対立）が存在していて、最適な状態が男女間で異なっている問題が多くあることと関係しています。厳格な一夫一婦制が守られ、不貞や離縁の可能性がなく、過去の交配相手との間に子どもはいない、という状況であれば、男女間に利害の対立はほとんどなく、互いに協力的となるでしょう。しかし、現実にはそうではない場合が多くあります。一夫一婦制から逸脱し、不貞や関係解消の可能性があり、過去の交配相手との間に子どもがおり、という状況では、利害が対立する可能性は高くなります。

男女間の利害対立が大きい場合、パートナーへの暴力は関係維持行動として有効である可能性があります。パートナーにコストを負わせる（要求通りにしなければ苦痛を与える）ことによって、パートナー関係が解消される可能性を下げるという戦術です。例えば、夫が妻に暴力を行使することで、妻の自由を制限することは、妻が他の男性と性的接触を持つ可能性を低下させ、パートナー関係を維持することに寄与するでしょう。これにより、夫は自分の繁殖成功の機会を増やすことになります。女性の不貞は男性の父性の確実性を危うくし、男性にとって他人の子へ資源配分してしまうリスクを高めるものです。

これらのことから、パートナーへの暴力は、自由にさせると不貞を行うことが懸念される妻に対して、それを未然に防ぐために進化した適応的性質であるという可能性が導かれます。暴力により妻の不貞を防ぐことで、パートナー関係が維持でき、結果として繁殖成功につながるというわけです。実際、夫から暴力を受けた経験のある女性の集団は、そうではない女性の集団と比較して、不貞を行った経験者の割合が高いという研究報告があります。

パートナー間暴力に影響する「K因子」

通常の場合、パートナー関係維持行動として選ばれるのは、パートナーへの愛情や信頼を示す行動など、関係満足感を高める方法です。パートナーへの暴力は、パートナーの親族から報復されるなどのリスクがあるため、パートナー関係維持行動としては一般的とは言えません。しかしながら、割合としては小さくても、パートナーへ暴力を行使する人は少なからず存在します。こうした、パートナーへの暴力を行使する・しないという個人差を生み出す要因について、生活史理論の観点からアプローチする研究が行われています。

生活史理論については、第1章の「依存症」のパートで包括的に説明しました（注15）。要点をまとめると、以下のようになります。生活史理論は、生物の生活史が自然選択による適応進化の結果として形成されてきたという前提に基づいて、生物の種間や種内の生活史戦略の多様性について理解するための枠組みです。生活史戦略の代表的な例は「性急な戦略」と「緩慢な戦略」の二つです。性急な戦略の特徴としては速い成長、多産、高い死亡率、短い寿命などが挙げられます。一方、緩慢な戦略の特徴としては親による子の世話のコストが大きい、少子、低い死亡率、長い寿命などが挙げられます。性急な戦略は不安定で過酷な環境におかれた生物に、緩慢な戦略は安定的で安全な環境におかれた生物に適していると考えられます。

今日では、個人がどのくらい緩慢な生活史戦略を採用しているのかを示す指標（尺度）が開発されており、K因子と呼ばれています（注16）。K因子は外向性、誠実性、神経症傾向など個人の性格や行動傾向に基づいて、具体的な数値として算出されます。ある個人についてK因子の値が大きいということは、緩慢な生活史戦略の傾向が強い、言い換えると、性急な生活史戦略の傾向が弱いことを意味します。K因子のような、個人の生活史戦略のあり方を数値化した尺度を用いることにより、さまざまな性質における個人差について生活史戦略との関連を分析することが可能になっています。

大阪経済法科大学の喜入暁《きいれさとる》准教授は、日本人大学生を対象に、複数の変数（要因）間の関係を分析するのに適した構造方程式モデリングと呼ばれる手法を用いて、K因子はパートナー間暴力に直接的・間接的に負の影響を与えることを示しました（注17）。この結果は、緩慢な生活史戦略はパートナー間暴力を抑制する、言い換えれば、性急な生活史戦略はパートナー間暴力を促進することを意味します。

性急な生活史戦略がパートナー間暴力を促進するということは、以下のように考えると理解しやすいでしょう。性急な生活史戦略を採用する個体は、繁殖のための努力、特に配偶者獲得の努力にエネルギーを費やし、より多くの相手と短期間の性的関係をもつことが知られています。パートナーの片方あるいは両方が、性急な生活史戦略を採用する個体であった場合、不貞を行う可能性が小さくありません。そうしたパートナー間で関係を維持しようとするならば、パートナー関係維持行動のなかの特に強力で支配的な方法、すなわち暴力に頼ることが有効である場面が多くなりそうです。

「自然主義の誤謬《ごびゅう》」という言葉があります。「〜である」という説明（事実の記述）から、「〜すべきである」という価値観を導き出すという誤りのことを指します（詳しくは第3章の「差別」のパートで説明します）。例えば、性急な生活史戦略がパートナー間暴力を促進するとしても、その事実をもって、「性急な生活史戦略を採用する人がパートナー間暴力を行使することは自然なことであり、正当である」とは言えません。ヒトの暴力性についてどのような事実が存在しようとも、そこから暴力を肯定する価値観を導くことはできません。差別と並んで、暴力に関する言説については、自然主義の誤謬に陥っている例が少なくない印象があります。

今回、パートナー間暴力との関連で取り上げた、愛着理論、パートナー関係維持行動、生活史理論のいずれも、進化の観点を踏まえて発達してきた概念です。パートナー間暴力を防ぐための対策を講じるうえで、これらの概念に関する研究の成果が役立つ可能性があります。自然主義の誤謬に注意しながら、こうした知見を有効に活用したいところです。

【注釈】

注１：「コロナ禍ＤＶ相談、過去最多」共同通信（２０２１年5月21日）
注２：「ドメスティック・バイオレンス（ＤＶ）とは」内閣府男女共同参画局
注３：「男女間における暴力に関する調査　報告書」内閣府男女共同参画局（２０２１年3月）
注４：
Bowlby,J. (1969). Attachment and loss: Vol.1. Attachment. Basic Books.
Bowlby,J. (1973). Attachment and loss: Vol.2. Separation: Anxiety and anger. Basic Books.
Bowlby,J. (1980). Attachment and loss: Vol.3. Loss: Sadness and depression. Basic Books.
注５：Bowlby, J. (1964). Note on Dr Lois Murphy's paper, "Some aspects of the first relationship". International Journal of Psychoanalysis. 45, 44-46.
注６：福井裕輝、岡田尊司編　２０１９年『情動と犯罪―共感・愛着の破綻と回復の可能性』「第1章　愛着障害と犯罪」朝倉書店
注７：岡田尊司　２０１１年『愛着障害―子ども時代を引きずる人々』光文社新書
注８：Babcock, J. C., Jacobson, N. S., Gottman, J. M., & Yerington, T. P. (2000). Attachment, emotional regulation, and the function of marital violence: Differences between

secure, preoccupied, and dismissing violent and nonviolent husbands. Journal of Family Violence, 15 (4), 391–409.

注9：Gormley, B., & Lopez, F. G. (2010). Psychological abuse perpetration in college dating relationships: Contributions of gender, stress, and adult attachment orientations. Journal of Interpersonal Violence, 25 (2), 204–218.

注10：Bond, S. B., & Bond, M. (2004). Attachment styles and violence within couples. The Journal of Nervous and Mental Disease, 192 (12), 857–863.

注11：Doumas, D. M., Pearson, C. L., Elgin, J. E., & McKinley, L. L. (2008). Adult attachment as a risk factor for intimate partner violence: The "mispairing" of partners' attachment styles. Journal of Interpersonal Violence, 23 (5), 616–634.

注12：Buss, D. M., & Duntley, J. D. (2011). The evolution of intimate partner violence. Aggression and Violent Behavior, 16 (5), 411–419.

注13：生物学における戦術（tactics）とは取りうる行動のことです。通常の場合、生物個体はその戦術を意図的に行っているのではなく、その戦術を促す遺伝的な傾向をもつと考えられます。

注14：子どもの父親が遺伝学的にも実の父親であることがどの程度に確実であるのかということ。子どもを産んだ本人である母親とは異なり、父親は生まれた子どもが実の子であるという

確信が持てないため、父性の確実性が問題となります。

注15：第1章「自己制御メカニズムなき『依存症』は進化のミスマッチ」の項を参照。

注16：Figueredo, A. J., Vásquez, G., Brumbach, B. H., Sefcek, J. A., Kirsner, B. R., & Jacobs, W. J.（2005）. The K-factor: Individual differences in life history strategy. Personality and Individual Differences, 39（8）, 1349–1360.

注17：Kiire, S.（2019）. A “fast” life history strategy affects intimate partner violence through the Dark Triad and mate retention behavior. Personality and Individual Differences, 140, 46–51.

繁殖戦略としての「子殺し」とは

動物は子殺しをするのか

　児童虐待が深刻な社会問題となって久しいです。児童虐待の最悪の例は虐待死でしょう。2022年9月に厚生労働省は、2020年度に親などから虐待を受けて死亡した子どもについての検証結果を公表しました（注1）。それによると、2020年度に親などから虐待を受けて死亡した子どもは、心中を除くと全国で49人です。1週間に1人の子どもが命を落としている計算になります。こうした児童虐待による死亡事例数（心中含む）は2007年から2020年までの間に約半数に減ってはいます（注2）。しかし、近年の死亡事例数は横ばい状態で、死亡事例数をさらに減らすための対策が必要とされています。

　では、動物の世界にも虐待死はあるのでしょうか？　生物学では、親などにより子どもが殺されることを「子殺し」と表現するのが一般的です。子殺しは1960年代以降の動物行動研究において重要なテーマとして注目を集めてきました。

　かつて動物学者の多くは、動物は子殺しを含めて、同種同士での殺し合いは行わないと考えていました。刷り込み研究によりノーベル医学生理学賞を受賞した動物行動学者のコンラート・ローレンツは1961年に英訳版が出版された自著の中で、同種で殺し合いをする動物はヒトだけであると述べています（注3）。

例えば、オオカミの闘争では、劣位個体は優位個体に対して、首や腹など身体の弱い部分をあえてさらけ出すような行動を示し、それにより優位個体は攻撃を止めます。こうした事実から、動物は同種同士の殺し合いはせず、それにより種の保存がなされているという考え方が優勢でした。しかし、1960年代になり、こうした常識を覆す事実として、動物界での子殺しが発見されます。

アルファオスによる子殺し

動物は同種同士の殺し合いはしないという当時の常識が見直しを迫られたのは、サルの群れにおいて子殺しが確認されたことによります。京都大学の大学院生であった杉山幸丸《ゆきまる》氏が1962年にハヌマンラングールというオナガザルの一種で子殺しが一般的に行われている事実を発見したのです（注4）。これにより、ハヌマンラングールは子殺しを行うサルとして一躍有名になります。

ハヌマンラングールの群れは単雄群の場合が多くあります。単雄群とは、複数のメスと子どもと1匹の成体オス（アルファオス）からなる群れのことです。このアルファオスは他の群れから移動してきた個体です。杉山が観察していた群れにおいて、1962年にアルファオスの交代が起こりました。群れの外のオスたちがアルファオスを攻撃して群れから追い出し、群れを乗っ取ったオスたちの中で最高順位のオスが新たなアルファオスとなりました。この新しいアルファオスによる子殺しが観察されたのです。

さらに、この子殺しの発生に引き続いて注目すべき出来事が観察されました。子どもを殺されたメスたちが発情を再開したのです。これにより、新アルファオスはメスたちと交尾できるようになり、自分の子孫を残すことが可能になります。メスたちは自分の子どもを殺したアルファオスとの交尾を受け入れたわけです。

ハヌマンラングールのこうした子殺しは、アルファオスが自分の子孫を残すための適応的な行動と考えられます。メスは基本的には一生涯同じ群れにとどまりますが、オスは成長すると生まれた群れから離れます。オスが子孫を残すためには、他の群れを乗っ取って自分がアルファオスになる必要があります。そのため、成長したオスは、アルファオスを攻撃して、群れの乗っ取りを図るわけです。

オスがアルファオスとして群れを支配できるのは平均して3年程度という短期間である

ため、アルファオスは他のオスに負けて群れを乗っ取られる前に、できるだけ多くの子どもを残す必要があります。しかし、目の前のメスは前のオスの子どもを育てています。メスは育児期間中には発情しません。新アルファオスにとって、これは望ましい状況ではありません。こうした状況を一変させる手段が子殺しです。群れの乗っ取りに成功した後すぐに子どもを殺してしまうことで、メスは発情を再開します。これにより、アルファオスは自分の子どもを作るまでの期間を大きく短縮できます。このように考えることで、新たなアルファオスによる子殺しは、自分の子孫をより多く残すための適応的な行動であることが理解できます。

オスによる子殺しは、ハヌマンラングール以外にも多くの霊長類の種で生じることが確認されています（注5）。ライオンでもオスによる群れの乗っ取りのさいに、子殺しが起こります。この現象も基本的には霊長類と同じ要因によるものと考えられます。このように、今日では多くの動物で、子殺しはオスの繁殖戦略として進化してきた一般的な行動であると考えられています。

子殺しに関する興味深いトピックとして、霊長類が集団を形成する理由は食物資源の防衛、捕食者回避に加えて、子殺しの回避であるという研究があります（注6）。

ニホンザルの群れは通常、複数のオスと複数のメスとその子どもたちで構成されています。群れの大きさは10～１５０頭です。メスは基本的には生まれた群れにとどまりますが、オスは成体になると別の群れに移ります。ある群れに注目したとき、その群れに常駐しているオスを「群れオス」、常駐していないオスを「群れ外オス」と呼びます。ニホンザルの群れには通常複数の群れオスがおり、群れ外オスの攻撃から子を守っているため、子殺しが発生することはまれです。しかし、群れオスが何らかの理由により常駐していない場合、群れ外オスによる子殺しが発生しうることが報告されています（注７）。

前述のハヌマンラングールでも同様の報告があります。ハヌマンラングールには、成体オスが複数いる複雄群と成体オスが１頭しかいない単雄群がありますが、単雄群よりも複雄群のほうが、子殺しの発生リスクが低いことが確認されています（注８）。子殺しが一般にオスの繁殖戦略として進化してきたことについてはすでに述べました。霊長類のメスは、それに対する対抗戦略として、オスを「群れオス」として自分の群れの仲間に取り込むことで、子どもを群れ外オスによる子殺しから守ってもらっている可能性が考えられます（注５）。

子育てというコスト

これまで述べてきたように、非血縁個体による子殺しについては、今日では適応的な行動として説明できます。しかし、親による実子殺しや育児放棄についてはどのように説明されるのでしょう？

哺乳類や鳥類のように親が育児をするのが普通である動物において、自分の子どもを熱心に育てる（育児に多くの労力を費やす）という性質は、次世代に遺伝子を残すうえで明らかに有利なものに思えます。親からすると、自分の子どもをまっとうに育て上げないことには、遺伝子を次世代に残すことはできません。この事実から、親は子どもを育てることに関して、いつでもどこでも無条件に全力で取り組むのが当然、と考える人がいても不思議ではありません。

こうした考えに待ったをかけたのが、アメリカの著名な進化生物学者であるロバート・トリヴァースです。トリヴァースは血縁選択説（注9）をアメリカに導入した先駆者の一人で、1970年代から動物行動に関する重要な理論をいくつも提唱しています。代表的なものの一つが親の投資理論です（注10）。今日、この理論は人間行動の進化においても重要なものと考えられています。

トリヴァースは、遺伝子を次世代に残すという観点から、子育てには親にとって利益だけではなくコストもあることを指摘しました。子育てには、子が成長し、親である自分の遺伝子を引き継いでくれるという正の側面（利益）だけではなく、将来の自分の繁殖機会を失わせるという負の側面（コスト）もあるというのです。生涯の繁殖成功（次世代に残す子どもの総数）を最大化するために、親は子育てに関する利益とコストの兼ね合いが最適となるような行動を選択するだろう、とトリヴァースは予測しました。彼は経済学の用語を用いて、子育てに労力を費やすことを「投資」と表現したため、この考えは親の投資理論と呼ばれています。親が一生涯に子育てに費やすことのできる時間や労力は有限です。現在の子（第一子）に対する投資量（子育ての労力）を増やすことは、その子の生存率を高める効果がありますが、その代償として、まだ生まれていない将来の子（第二子）に対する投資量を減らすことになります。第一子と第二子との間には、片方への投資を大きくすると他方への投資が小さくなってしまうというトレード・オフの関係が成立します。

トリヴァースの親の投資理論に基づくと、親がいつでも無条件に子育てに投資するというわけではないことが理解できます。親の立場からは、子育て環境が劣悪な状況においては、目の前にいる子（第一子）を育てることは取りやめて、その分の時間や労力を、望ましい子育て環境を新たに獲得するために費やし、将来の第二子の養育の成功確率を高めるようにしたほうが、生涯の繁殖成功を最大化できる可能性があります。例えば、パートナーの協力が得られず、一人での子育てが非常に困難な状況にいる母親はそうしたケースです。こうした母親にとっては、現在の子（第一子）の養育よりも、新たなパートナーの獲得に労力を振り分けたほうが、生涯の繁殖成功が高まる可能性があり、現在の子を育児放棄することが適応的な行動になり得ます。

動物の世界で親による実子殺しはまれですが、ゼロではありません。親による実子殺しや育児放棄が生じる背景には、トリヴァースが親の投資理論で展開したような性質が関係していると考えられます。

進化的観点と文化的要因

これまで述べてきたことから、動物の世界において子殺しは場合によっては生じうることが分かります。子殺しに関する理論的研究も進んでいます。こうした子殺しに関する知見はヒトに対しても当てはまるのでしょうか？

進化の観点から考えると、血縁者間は非血縁者間よりも協力行動が生じやすく、非血縁者間は血縁者間よりも攻撃行動が生じやすいと予想されます。ヒトの子殺しについて、この予想と整合するデータが得られています。

家庭内で児童虐待の被害を受けた子の割合を、血縁のない子（継子）と血縁のある子（実子）との間で比較した多くの調査から、継子のほうが高い確率で虐待を受けている事実が確認されています。例えば、１９７０年代から１９８０年代のカナダの調査において、家庭内での子殺しの発生率は、両親とも実親である場合と比べて、継親による場合のほうがはるかに高率で、特に0～2歳児においては約70倍という値でした（注11）。典型的なのは、母親の再婚相手である男性により継子が殺されるケースです。こうした、実親よりも継親の場合に児童虐待が生じやすい傾向は「シンデレラ効果」と呼ばれており、非血縁者間は血縁者間よりも攻撃行動が生じやすいという進化生物学の予想と一致しています。

これまで述べてきたように、ヒトを含めた動物の子殺しの研究において、進化の観点に基づいたアプローチは成果をあげてきました。そのうえで、ヒトの子殺しの理解には、進化の観点に加えて、文化的な要因も考慮することが重要であることが示されています。ここでは、長谷川寿一と長谷川眞理子の両氏による、戦後日本における母親による実子殺しの研究を紹介します（注12）。

日本における殺人には、諸外国と比べて発生率は低いものの、発生件数全体における母親による子殺し（嬰児殺し《えいじ》）の割合が高いという特徴があります。1歳未満の乳幼児100万人のうち母親に殺された子の数は、日本では1955〜80年のデータで年間90〜120人という値で、同時代の欧米諸国の値と比較して2倍以上の高率でした（その後低下して、1995年で約40人、近年では年間10人程度まで減っています）。

進化の観点から考えると、母親が実子を殺すことは通常は適応的ではありません。実際、動物の世界で母親による実子殺しはかなりまれです。それでも、母親による子殺しや育児放棄が起きる場合、そこには、特別な理由があると考えられます。例えば以下のようなケースです（注13）。

①その子の生存確率が低く、世話をしても死んでしまう確率が高い場合。
②必ずしもその子の生存確率は低くなくとも、将来より良い条件での配偶が見込まれ、その子よりも将来の子どもを育てるためにコスト（時間とエネルギー）をさいたほうが、長期的には有利となる場合。

これに加えて、ヒトの場合、母親による実子殺しの理由を分類すると、おもなものは以下のようになります。

①子が奇形、病気、病弱である。双子である。
②上の子と下の子の出産間隔があまりにも短く、十分な養育ができずに上の子の生存を危うくする。
③貧困。
④父親が不確かか、または不倫の子で、父親を含む周囲からの養育援助が見込まれない。

これらの理由は、動物の世界における母親による子殺しや養育放棄の一般的理由と重なっています。

日本における母親による子殺しの原因で最も多いのは、④に相当するものと考えられます。このことは、母親により殺された子のなかの嫡出子と非嫡出子の割合を調べることで裏付けられます。例えば、1955年の母親による嬰児殺しのデータによると、調査された52件のうちの29件（約56％）において、殺された子は非嫡出子でした。1955年に生まれた子のうち非嫡出子の割合はわずか1・7%であることから、非嫡出子が母親に殺される確率は、嫡出子が母親に殺される確率の約73倍にもなることが分かります。これにより、父親を含む周囲からの養育援助が見込まれない場合に母親による実子殺しが生じやすいことが示唆されます。

日本では、シングルマザーが社会的に受け入れられず、社会的サポートが乏しいことが、右記④の状況が多く発生していることと関連しているという指摘があります。さらに、長谷川寿一・長谷川眞理子の両氏によると、母親が子を独立した個人としてではなく、母親と一体のものと捉えるという日本の伝統的な考えが、子の生存権が侵害されやすい結果につながっているとも考えられます。

このように、戦後日本における母親による実子殺しのデータは、ヒトの子殺しの理解には進化の観点だけではなく、文化的な要因も考慮することが重要であることを示しています。

ヒトの児童虐待による死亡事例において、その理由や背景はケースごとにさまざまで、決して一つのパターンに当てはめられるような単純なものではないでしょう。しかしながら、全体の傾向として、どのような要因が組み合わされた場合に虐待が発生しやすいのかという知見を明らかにしておくことは、児童虐待による死亡を予防するための適切なサポート体制を確立するうえで重要でしょう。

今回取り上げた進化の観点は、そうした知見の解明に役立つ可能性があります。また、進化の観点に基づいた研究の成果として、文化的要因の影響が存在することがデータにより示された例も紹介しました。学際的なアプローチを駆使することで有効な対策が講じられ、日本では現在横ばい状態にある児童虐待による死亡事例数が減少に転じることを願ってやみません。

【注釈】

注1：「児童虐待の相談件数　過去最多に『心理的虐待』が全体の6割」ＮＨＫ政治マガジン（２０２２年9月9日）

注2：第52回社会保障審議会児童部会　資料3－1「児童虐待相談対応件数及び死亡事例数」厚生労働省（２０２２年9月）

注3：Lorenz, K. (1961). King Solomon's Ring. Translated by Marjorie Kerr Wilson. Methuen.

注4：杉山幸丸　１９８０年『子殺しの行動学—霊長類社会の維持機構をさぐる』北斗出版

注5：van Schaik, C. P., & Janson, C. H. (Eds.). (2000). Infanticide by males and its implications. Cambridge University Press.

注6：山田一憲　２００９年「旧世界ザルにおける社会的知性—生態学的側面と発達的側面に注目して」動物心理学研究、59（2）、１９９−２１２

注7：Yamada, K., & Nakamichi, M. (2006). A fatal attack on an unweaned infant by a non-resident male in a free-ranging group of Japanese macaques (*Macaca fuscata*) at Katsuyama. Primates, 47 (2), 165–169.

注8：Borries, C., Launhardt, K., Epplen, C., Epplen, J. T., & Winkler, P. (1999). Males as infant protectors in Hanuman langurs (*Presbytis entellus*) living in multimale groups-defence pattern, paternity and sexual behaviour. Behavioral Ecology and Sociobiology, 46（5）, 350–356.

注9：血縁選択説とは、自然選択の単位を遺伝子とみなすことから、生物の進化においては、個体が自ら残す子どもの数に加えて、遺伝子を共有する血縁者の子どもの数の影響も考慮すべきだとする理論です。

注10：Trivers, R.（1972）. Parental investment and sexual selection. In B. Campbell（Ed.）. Sexual selection and the descent of man, 1871–1971. Aldine. pp. 136–179.

注11：Daly, M., & Wilson, M.（1988）. Homicide. Aldine de Gruyter.（長谷川眞理子、長谷川寿一訳　1999年『人が人を殺すとき―進化でその謎をとく』新思索社）

注12：長谷川寿一、長谷川眞理子　2000年「戦前・戦後日本社会はヒトに何をもたらしたか（後編）戦後日本の殺人の動向―とくに、嬰児殺しと男性による殺人について」科学、70（7）、560-568

注13：これらの理由は前述したトリヴァースによる親の投資理論と整合しています。

少数派だからこそ有利になるサイコパス

良心・共感性・罪悪感の欠如

日頃は好人物のように見えても、いざというときに冷酷な本性が現れる。場合によっては法を犯すことも厭《いと》わない。その被害をこうむる立場からすれば、非常に恐ろしい存在でしょう。近年、こうした反社会的人格の持ち主はサイコパスと呼ばれ、注目を集めています。

よく知られているサイコパスの特徴は冷酷であること、良心・共感性・罪悪感が欠如していることです。サイコパスは人口の1%程度存在していると言われており、サイコパスまたはそうした傾向のある人物と関わった経験を持つ人は少なくないと思われます。

私自身もかつて、サイコパス傾向の強い人物と関わったことがありました。私がアドバイザーを務めていた環境系市民団体のスタッフだったA氏は社交的で話も面白く、一見魅力的に見える人物でした。しかし、A氏をリーダーとしたチームでシンポジウムを企画したものの、開催中止となるトラブルがありました。A氏の自分勝手な言動によりチームが崩壊したためです。ほどなくして遠方に転居予定であったA氏は、実情を知る人たちと関係を断ち切り、経費などの金銭面の負担や関係各位への謝罪などの対応をすべて他のスタッフに押し付け、知らぬ存ぜぬを決め込むという開き直った行動に出ました。スタッフの中にはストレスで寝込む人もいました。当時は通信アプリが普及する以前だったこともあり、チーム崩壊の原因となったA氏の言動について、証拠となる記録は残っておらず、結局、A氏は一言の謝罪もしませんでした。むしろ、自分がもたらした事態について、「そんなに深刻に考えなくてもいいじゃないか」と、どこか茶化すような発言さえしていました。

ここで注目すべき点は、第三者に提示できる証拠がない状況では、問題を起こした人物が何一つ償いをせずに逃亡したとしても、当人が罪悪感を持たずに開き直れば、その人物は何の不都合もなく普通の生活を続けていけるという現実です。通常、私たちは、自分が日頃関わる普通の人たちはみな罪悪感をもっており、簡単には悪事をできないだろうと考えています。サイコパスは、そうした常識を覆す存在です。

サイコパスには、良心や共感性の欠如に加えて、恐怖心の欠如という特徴があります。サイコパスというと、冷酷な利己主義者で、自分の利益のためならば平気で他人を傷つけるというイメージがあります。こうした性質は共感性の欠如と関係しています。その一方で、恐怖心の欠如は、大胆さや行動力につながります。それが悪い方向に現れると犯罪者になります。処罰されることに対する恐怖心がないためです。逆に大きな社会的成功につながることもあります。失敗を恐れずに挑戦を繰り返すからです。

世間一般のイメージそのままに犯罪者になる人と逆に社会的成功をおさめる人、同じサイコパスでもどこが違うのでしょう？　経営者、医師、弁護士などにサイコパスが少なからず含まれていると言われています。このような成功するサイコパスは自分の行動を適切にコントロールする調整能力が高いと考えられます。他者と良好な関係を築くことが自分の利益になる状況においては、共感性や良心からではなく、損得勘定の結果として、表面上好意的に振る舞うことは合理的です。調整能力の高いサイコパスにはそれができます。

サイコパスと思われる成功者の例として、マザー・テレサとスティーブ・ジョブズが挙げられます（注1）。ノーベル平和賞受賞者であるマザー・テレサは、聖人という一般的イメージとは裏腹に、身近にいる子どもや側近に対しては非常に冷淡で、愛着を示さない人だったそうです。Ａｐｐｌｅを創業したジョブズはその高いプレゼン能力で有名ですが、たとえ社員や家族が相手の場合でも、追い詰め方は容赦がなかったと言われています。

恐怖心遺伝子の個人差

　サイコパス傾向には遺伝子が影響していると言われています。しかし、サイコパス傾向を生み出す具体的な遺伝子が発見されているわけではありません。「何番目の染色体のこの場所にサイコパス遺伝子があります」と指し示すことはできません。それならば、どのような方法でサイコパス傾向に遺伝子が影響していると結論できるのでしょうか？

　行動遺伝学と呼ばれる分野で、行動を含むさまざまな性質について遺伝子と環境の影響の大きさを数値化する方法が開発されています。例えば、身長について遺伝子の影響があるかどうか考えてみましょう。親兄弟だと身長も似ている。親が背が高いと子どももやはり背が高い。遺伝子の影響があることは明らかだ。このように考える人が多いでしょう。しかし、ここに一つ問題があります。親や兄弟などの血縁者は確かに互いの遺伝子が似ていますが、同時に生まれ育った環境も似ていることが多いです。そのため、血縁者同士で身長が似ていても、それは遺伝子が似ているためなのか環境が似ているためなのか、そのままでは判別できません。

　このような場合は、遺伝子は似ているものの環境は似ていない個体同士を比較できると好都合です。代表的な例は、別々に育てられた一卵性双生児です。古くから里子制度が発達している欧米では、こうしたケースは少なからずあります。実際の調査から、別々に育てられた一卵性双生児でも身長はかなり似ていることが確認されており、身長には遺伝子が影響していると結論できます。このように、行動遺伝学の調査方法を用いると、染色体の中身まで調べなくてもよいわけです。染色体の中の遺伝子の場所が分からなくても、また、そもそも影響を与える遺伝子が何個あるのかが分からなくても、ある性質に遺伝子の影響があるか否かが判別できます。同様の調査はさまざまな性質について行われていて、サイコパス傾向についても遺伝子の影響があることが分かっています（注2）。

また、生物では一般的に、ある性質の遺伝子が間接的に別の性質に影響を及ぼすことがあります（注3）。幼少期の恐怖心の程度が大人になったときのサイコパス傾向の強さと関連していることが確認されています（注4）。恐怖を感じにくいとサイコパス傾向が強いということです。恐怖心の感受性という性質に直接影響する遺伝子が存在していて、その遺伝子（いわば恐怖心遺伝子）の個人差が、結果として、サイコパス傾向の個人差にも反映されている可能性が考えられます。この恐怖心遺伝子のように、サイコパス傾向に影響を与える未知の遺伝子が他にもさまざま存在していて、それらの遺伝子の個人差がサイコパス傾向の個人差を生み出しているのかもしれません。直接であろうが間接であろうが、サイコパス傾向に影響する遺伝子に個人差があるのであれば、それらは自然選択の対象になり得ます。環境がサイコパス傾向をもつ個体にとって有利なものであるならば、サイコパス傾向を強める遺伝子の頻度は世代を経るにつれて増加し、逆の場合は減少することが予測されます。

搾取するためには少数派であることが有利

集団中のサイコパスの頻度は1％程度と言われており、かなりの少数派です。サイコパスにとっては、少数派であることがむしろ有利になるという仮説があります。サイコパスにとって都合がよいのは、他人をすぐに信頼するような善人が多くいて、サイコパスが彼らを容易に利用できる状況でしょう。サイコパスのことを「社会的捕食者」と呼ぶことがありますが、いわば周囲が獲物だらけというわけです。反対にサイコパスにとって都合が悪いのは、周囲の人間も自分と同じサイコパスだったという状況です。搾取する相手を見つけ出すのが難しくなります。このように、サイコパスにとっては周りに自分と同じサイコパスが少ない環境のほうが望ましいわけです。

少数派であることが有利になる性質の存在は、古くから進化生物学における重要な研究テーマでした。今日では、こうした性質を生み出す自然選択のタイプがあることがわかっており、「少数者有利の頻度依存選択」と呼ばれています。

「頻度依存選択」とは、集団のなかで、ある形質を持つ個体がどれくらいの頻度で出現するかによって、その個体の適応度が左右されることを指します。

まず、ある性質を生み出す遺伝子について、その遺伝子の頻度が低い集団においては、その遺伝子を持つ個体の生存や繁殖の機会が高まり、逆に遺伝子の頻度が高い集団においては、その遺伝子を持つ個体の生存や繁殖の機会が低くなるという状況を仮定します。

頻度依存選択が働く遺伝子は、その遺伝子頻度が低いときには、個体の適応度が高いため、世代を経るにつれて遺伝子頻度が徐々に増加していきますが、ある程度遺伝子頻度が高くなった段階で個体の適応度が低くなり、遺伝子の増加がおさまることになります。

サイコパスは少数者の場合に有利となることから、サイコパス傾向を促進する遺伝子には少数者有利の頻度依存選択が働き、その結果として、サイコパス傾向を促進する遺伝子は集団中での頻度が頭打ちとなり、サイコパスは少数にとどまっている、という説が有力視されています（注5）。

性急な生活史戦略を選択するサイコパス

サイコパスの特性と緩慢な生活史戦略の傾向に負の相関があるという研究結果が報告されています（注6）。サイコパスはそうではない人と比較して、性急な生活史戦略を選択する傾向があるということです。このことは、サイコパスにとって好ましい環境がどのようなものであるかを考えると理解しやすいです。サイコパスにとっては、一つの場所に長くとどまり、同じ人たちと長期にわたって関係を続けることは都合が悪いと予想されます。搾取した人から自分に対する悪評が生まれ、周囲から反発を受ける可能性が考えられ、そうした事態を予防する画策が必要になりそうです。少なからず労力が必要でしょう。むしろ、時々は所属集団を変えることや、もともと人の流動が激しい環境で生活することが、サイコパスにとっては都合が良いと考えられます。

生活史理論に基づくと、このような変動の激しい環境で生活する個体は性急な生活史戦略を選択することが有利になると予想されます。生活史理論から導かれるこうした予想は、サイコパスが性急な生活史戦略を選択する傾向があるという前述の研究結果と整合しています。

現代社会は、所属集団の変更が容易で人の流動が激しいという点ではサイコパスにとって都合が良いように思われます。しかし、その一方で、他人を傷つける行為をしながらもそれを完全に隠蔽することが、昔よりも難しくなっていることも確かでしょう。オンラインのコミュニケーションではログが残りますし、対面の会話でもスマホで簡単に録音や録画ができます。

実際、パワハラやセクハラが明確な証拠とともに告発され、加害者が謝罪を余儀なくされる事態が増えています。こうした点は、サイコパスにとっては不都合でしょう。サイコパスにとって有利な点と不都合な点が混在するのが現代社会と言えそうです。

サイコパスの中にはコミュニケーション能力が高く、一見すると善人に見える人もいます。利害が一致している間は特に問題が発生しないことも多いでしょう。公的な場面では通常は契約書などを交わすため、サイコパスの利己的行為により被害が発生したとしても、被害者が法的にそれなりの補償を得られるような対策は比較的容易と思われます。

しかし、プライベートな関係の場合、そのままでは法的保護の対象になりにくい現実があります。自分の関わる相手がサイコパスで、利己的な行動によりこちらが被害をこうむった場合に相手の開き直りや逃げ得を許さないために、少しでもおかしいと感じたら、やりとりの記録（オンラインのログ、スマホによる録音や録画など）を取ることを習慣化するのが有効と思われます。

本項の冒頭で紹介したサイコパス傾向の強いA氏のケースも、仮に当時のA氏の発言が記録に残っていて、証拠として提示されていたならば、責任を取らざるを得なくなった可能性が高いです。第三者、すなわち社会の大多数の人々から批判を受けるような状況となれば、損得勘定の結果として、それなりの責任を取ったほうが本人にとっても有益になるからです。サイコパスに良心や罪悪感をもつように変わってもらうことは困難です。いざというときのために自己防衛するのが現実的な対策と思われます。

【注釈】

注1：中野信子　2016年　『サイコパス』文春新書

注2：バーバラ・オークレイ　酒井武志訳　2009年　『悪の遺伝子—ヒトはいつ天使から悪魔に変わるのか』イースト・プレス

注3：平石界　2011年　発達科学ハンドブック2『研究法と尺度』第15章「生物・進化理論との関係でみた研究法」新曜社

注4：Glenn, A. L., Raine, A., Venables, P. H., & Mednick, S. A.（2007）. Early temperamental and psychophysiological precursors of adult psychopathic personality. Journal of Abnormal Psychology, 116（3）, 508–518.

注5：Mealey, L.（1995）. The sociobiology of sociopathy: An integrated evolutionary model. Behavioral and Brain Sciences, 18（3）, 523–541.

注6：McDonald, M, M., Donnellan, M. B., & Navarrete, C, D.（2012）. A life history approach to understanding the Dark Triad. Personality and Individual Differences, 52（5）, 601–605.

第3章

「差別」「戦争」「陰謀論」「宗教」なぜ分断は起きるのか

ヘイトと差別の裏に行動免疫システムあり

ウイルス感染リスク回避と差別行動

「中国《チャイナ》ウイルス！」。アメリカのトランプ大統領（当時）は2020年9月の国連総会で新型コロナウイルスをこのように呼び、感染拡大の責任は中国にあると強く非難しました。このような、新型コロナ感染拡大はアジア人の責任という認識が広まることにより、アジア系に対する差別が世界的に発生しました。実際、各地でアジア系に対する憎悪犯罪（ヘイトクライム）が増加したという調査結果が得られています。

カリフォルニア州立大学の憎悪・過激主義研究センターの調査結果によると、アメリカの主要21都市において、2021年のアジア系に対するヘイトクライムが前年比で223・7％増加しました（注1）。犯行の種類としては、路上でいきなり殴るという通り魔的なものが多くありましたが、銃社会のアメリカらしい凄惨な事件も発生しています。2021年3月、ジョージア州アトランタ周辺の3軒のマッサージ店でアジア系6人を含む計8人が銃撃され死亡しました。容疑者として逮捕されたのは白人の青年でした。

疫病、戦争、災害などで人々が深刻な事態に陥ったとき、露骨な差別が発生することは人類の歴史で繰り返されてきたことです。ヒトについて深い理解を得ようとするならば、差別は無視できない重要なテーマでしょう。これまでも様々な分野で差別についての研究が行われてきましたが、今日では進化の観点に基づいた研究も盛んになっています。そうした研究のいくつかをご紹介しながら、差別について考えていきたいと思います。

ヒトも含めて、動物は病原体に対する免疫システムを備えています。白血球や抗体の働きが有名です。ブリティッシュコロンビア大学教授のマーク・シャラーは、動物には行動レベルでも免疫となる機能が備わっていると考え、「行動免疫システム」という概念を提唱しました（注２）。行動免疫システムには検出と反応の二つの段階があります。検出は、おもに嗅覚や視覚によって感染リスク（感染の兆候）を見つけ出すことであり、反応は、嫌悪感が生じて感染リスクから遠ざかる行動のことです。排泄物、腐敗した物、死体などに対してヒトが嫌悪感を抱き、これらを避けようとするのは行動免疫システムの反応の例です。こうした行動免疫システムは、生存に有利であるため進化の過程で獲得されたものと考えられます。

行動免疫システムを含めて、検出システム（センサシステム）には偽陽性の問題がつきものです。偽陽性とは、実際には安全なものを誤って危険なものと判別してしまうエラーのことです。免疫システムの場合、偽陰性（危険なものを安全なものと判別してしまうエラー）は文字通り命取りとなるため、極力回避する必要があります。しかしながら、偽陽性は当人にとってはそれほど大きな問題となりません。安全なものを危険なものと判別して遠ざけたところで大きなリスクはないからです。このような、偽陽性を生み出しやすいという行動免疫システムの性質は、社会的には深刻な問題を引き起こしかねません。外国人や病気の患者を見境なく誰でも排除するという差別的行動につながるからです。実際に、感染症を恐れている人ほど外国人に対して強い嫌悪を示すという研究結果があります（注3）。また、妊娠初期の女性（病原体への抵抗力が弱まっている）は外国人を忌避する傾向があるという報告もあります（注4）。

ヒトの進化の過程で獲得された行動免疫システムが、感染症対策としての外国人嫌悪を伴うものであるならば、実際に感染症が流行し、感染の兆候が周辺にありふれた状況においては、外国人嫌悪が特に強まることが予想されます。今回のコロナ禍では、そうした予想がまさに現実になったと言えるでしょう。

閉ざされた一般互酬仮説

一般にヒトは、自分と同じ集団（内集団）のメンバーには好意的になり、自分の所属しない集団（外集団）のメンバーにはしばしば敵対的になります。この現象は内集団びいき、あるいは内集団バイアスと呼ばれています（注5）。例えば、実験用に集められた参加者をその場で特に意味のない基準（絵の好みなど）により二つの集団に分けたというだけでも、ヒトは外集団メンバーよりも内集団メンバーに対して、より多くの報酬を分配しようとすることが確認されています。

このような内集団びいきは、おもに社会心理学の分野で研究されてきましたが、近年はそこに進化の観点を導入した研究が盛んになっています。進化の観点から内集団びいきを説明する仮説を紹介しましょう。この仮説は、内集団びいきを行う個体は、その行動を見ていた他の内集団メンバーから良い評判を得ることを通じて、集団内で有利な立場を確保でき、結果として、適応度（生存率と繁殖率）が高くなるというもので、「閉ざされた一般互酬仮説」と呼ばれています（注6）。仲間を助けるという社会規範を守っているかどうかを内集団メンバーが互いに見ている状況では、自分が見られていることに敏感な個体は積極的に内集団びいきを行うだろうと予想されます。「情けは人の為ならず」という諺《ことわざ》で表されるように、情けをかけた結果は他者からの評価というかたちで自分に返ってきます。その場では直接的な見返りがないにもかかわらず善行をするのは、巡り巡って後に見返りを期待できるからだ、というわけです。ヒトを対象とした進化の研究において、評判に基づいた間接的な互恵性は、社会を成立させるうえで大事な役割を担うものとして重要視されています。

内集団びいきを行う個体に、外集団メンバーを特に冷遇しているという意識はなかったとしても、内集団メンバーと外集団メンバーとの間で現実に待遇に格差があれば、外集団メンバーは自分が差別されていると感じても不思議ではないでしょう。内集団メンバーが外集団メンバーを積極的に攻撃したわけではなくても、内集団びいきは結果として、集団間に葛藤や対立を生み出すことになりそうです。

「自然だからそうするべきである」という誤謬

差別につながりかねない内集団びいきがいつの時代でもどこの地域でもヒトに一般的に観察されるという事実を述べると、「やはり差別は当たり前で自然なことなんだ。仕方がない。多少の差別はあってもよいのではないか」という反応を示す人がいます。今日ではこうした反応は「自然主義の誤謬」と呼ばれ、特に進化生物学の研究者の間では強く否定されています。

第2章の「DV」のパートでも少し触れましたが、自然主義の誤謬とは、「〜である」という説明(事実の記述)から、「〜すべきである」という価値観を導き出すという誤りです(注7)。事実を記述するさいに「〜の状態が自然である」という表現を用いることはよくあります。しかしながら「自然である」と「自然だからそうすべきである」との間には必然的な結びつきはありません。「〜である」という事実から「〜すべきである」という価値を導くことはできません。「なぜ差別が起こるのか?」という問いを立てて、差別発生の要因やメカニズムを説明することは、「差別をすべきだ」と主張することとはまったく別です。差別発生の要因やメカニズムを説明することは、差別を肯定することにも否定することにもなりません。

自然主義の誤謬についてこのような説明を聞かされると、「その通り、事実と価値は別のものだ。何を当たり前のことを言っているのだろう」と思う人もいることでしょう。しかし、実際の会話や議論の場では、自然主義の誤謬をおかしてしまう人はめずらしくありません。ヒトの差別心や攻撃性について遺伝子が関係している可能性を論じる研究に対して、「そんなことを認めてはいけない。差別や暴力が肯定されてしまう」という趣旨の発言をする人はその例です。こうした発言はまさに自然主義の誤謬の典型ですが、インターネットで検索すれば、実例が簡単に見つかります。ヒトの差別心や暴力性についてどのような事実が存在しようとも、そこから差別や暴力を肯定する価値観を導くことはできません。

自然主義の誤謬と関連の深い思想に優生学があります。これは、遺伝構造を改良して人類の進歩を促進しようという思想で、イギリスの人類学者フランシス・ゴールトンが1883年に提唱したものです。19世紀に自然科学は大きな進歩を遂げました。人類は科学によってこの世界のすべてを解明し、その知見によって自然を管理することが可能となるという見方が広まりました。環境問題に直面する21世紀の私たちからすると、あまりに楽観的に思えますが、当時はそれが一つの先進的な考えだったのです。こうした進歩的な世界観は、自然を計画的に管理することでより良い社会を作り出そうという思想にたどり着きます。優生学はこうした思想を自分たち人類に適用したものです。こうして、人類にとって善かれと考え、善意で優生学に取り組む人たちが出現します。

20世紀になると、多くの国が優生政策を実施しました。優生政策とは結局のところ、優秀な人間の割合を増やすために劣った性質を持つ人間を繁殖させないようにする政策です。

その結果、深刻な差別や人権侵害が発生します（注8）。その最たる例が、ナチスによるホロコーストです。しかし、現代の価値観に照らして明らかな人権侵害となる政策を実施していたのはナチスだけではありません。アメリカや日本を含む多くの国も、かつては精神疾患やハンセン病などの患者に対して強制断種（不妊手術）を行っていました。これらの政策は合法でした。こうした、悲劇的ともいえる深刻な差別を生み出した優生政策は、優生学の思想を基盤としていました。人類の進歩と言えば聞こえは良いものの、優生学の思想の実態は、「劣った個体は淘汰されるのが自然である。自然であるということは、それが正しいということである」というもので、まさに自然主義の誤謬そのものです。現代の価値観では正当化することはできません。

知識がモラルの向上を導く

ヒトの差別心に遺伝子が関係しているとなると、「人間は差別をするのが当たり前なんだ、それはもうどうしようもないことだ、差別は私たちの宿命だ」というように考え、絶望する人が現れそうです。しかし、それには及びません。確かに、第2章の「サイコパス」のパートで紹介した行動遺伝学の研究で示されているように、ヒトの心理や行動のあらゆる性質に遺伝子の影響が確認されていることは事実です。しかし、同時に行動遺伝学は心理や行動に関するあらゆる性質に環境が影響することも明らかにしてきました。これにより、教育や社会制度などの環境を整えることによって、差別を減らすことができるのではないか、という希望が生まれます。

実際に差別は着実に減少しているというデータがあります。アメリカの著名な心理学者であるスティーブン・ピンカーは、著書『21世紀の啓蒙：理性、科学、ヒューマニズム、進歩』(橘明美、坂田雪子訳　2019年　草思社)のなかで、人種差別、民族差別、同性愛差別などの差別全般が世界的には減少傾向であることを示しました。1950年代には世界の半数の国に人種民族差別的な法が存在しましたが、2003年にはそのような法をもつ国は世界の5分の1以下となりました。女性参政権のある国は1900年にはニュージーランドだけでしたが、現在では男性に参政権があるすべての国で女性参政権が認められています。同性愛行為を犯罪としない国は、20世紀初頭には世界で十数か国にすぎませんでしたが、2016年には90か国を超えるまでに増加しました。

ピンカーは、こうした事実の提示に加えて、世界的な差別の減少をより客観的に示すデータとして、世界価値観調査における解放的な価値観の値の推移を紹介しています。解放的な価値観とは、自由と平等を重んじる価値観のことで、その程度を数値化する手法も開発されています（注9）。1960年から2006年の調査データに基づいて、解放的な価値観の値を地域別の数字で見てみると、すべての地域で解放的な価値観が上昇していることがわかりました。地域間比較では最も値の低いイスラム地域でも、2006年には1960年のヨーロッパ地域を上回る値となっています。

また、こうした解放的な価値観に影響する因子を分析したところ、解放的な価値観に対する有効な予測因子は世界銀行の「知識インデックス」であるという結果が得られました（注10）。世界銀行の知識インデックスとは、教育・情報アクセス・科学的および技術的生産性・法の支配についての指標です。このことからピンカーは、知識がモラルの向上を導くという啓蒙運動の考え方は正しいと述べています。

この数十年の間に世界中の人々の遺伝子が大きく変化した可能性はほぼゼロですから、前述の人々の解放的な価値観の変化は環境の影響によるものと推測できます。知識インデックスとして示されたような新たな環境を経験したことにより、人々の価値観が変化したわけです。もっとも、差別がかつてより減ったといえども、ゼロになったわけではありません。こうした望ましい変化をより一層推進したいと考える人も多いでしょう。病気のメカニズムの解明が、有効な治療法の開発につながることは、皆さん理解していると思います。差別についても同様のことが期待できます。どのような条件下で差別が強まるのかあるいは弱まるのか、そのメカニズムを分析し、予測を行うことは、差別を減少させる方法の開発に役立つはずです。前述のように、差別につながりかねない行動免疫システムや内集団びいきに進化的な基盤があるのであれば、差別に関する分析や予測に進化の観点を導入することは有効と考えられます。

例えば、差別心を低減させるために有効な働きかけ（与える知識や教育方法）が、個人の資質（遺伝子を含む）によって異なる可能性があります。実際に、教育分野では、学習者の適性と教育方法とに交互作用が存在することが以前から知られていて、適性処遇交互作用と呼ばれています。例えば、対人積極性が高い生徒には先生が直接教えることが効果的だが、対人積極性が低い生徒の場合には映像授業方式のほうが効果的であるという研究結果があります（注11）。こうしたことから、患者個人の体質に応じて治療法を選択するオーダーメイド医療のように、差別心低減を目的とした場合にも個人の資質に応じて有効な方法を選択することが考えられるでしょう。こうした現象は、生物学の分野では遺伝環境相互作用と呼ばれているものに相当します。遺伝環境相互作用とは、同じ環境におかれても個体の遺伝子のタイプによって結果（表現型）が異なることです。その結果は、遺伝のみの作用ではなく、また環境のみの作用でもなく、遺伝と環境の双方の相互作用によるものとしか言いようがありません。遺伝環境相互作用は今日の遺伝学・生態学・進化生物学の一大テーマとなっており、そのパターンやメカニズムについて精力的に研究がなされています。こうした観点からも、差別のような社会課題の解決に生物学が寄与できる可能性が見えてきます。自然主義の誤謬について十分に注意喚起しながら、生物学の知見を有効に活用したいところです。

【注釈】

注1：US big city hate crimes spiked by 39% in 2021, report finds. https://www.voanews.com/a/us-big-city-hate-crimes-spiked-by-39-in-2021-report-finds-/6571116.html

注2：Schaller, M.（2011）. The behavioural immune system and the psychology of human sociality. Philosophical Transactions of the Royal Society B: Biological Sciences, 366, 3418–3426.

注3：Faulkner, J., Schaller, M., Park, J. H., & Duncan, L. A.（2004）. Evolved disease-avoidance mechanisms and contemporary xenophobic attitudes. Group Processes & Intergroup Relations, 7（4）, 333–353.

注4：Navarrete, C. D., Fessler, D. M. T., & Eng, S. J.（2007）. Elevated ethnocentrism in the first trimester of pregnancy. Evolution and Human Behavior, 28（1）, 60–65.

注5：内集団びいきとは、自分が属する集団（内集団）のメンバーを他の集団（外集団）のメンバーよりも優れた性質を持っていると考え、優遇する傾向のことです。

注6：Yamagishi, T., & Kiyonari, T.（2000）. The group as the container of generalized reciprocity. Social Psychology Quarterly, 63（2）, 116–132.

注7：「自然主義の誤謬」は、哲学者のジョージ・E・ムーアが1903年出版の『倫理学原理』のなかで用いた言葉です。自然主義とは、自然は善いものだという考えを意味します。ム

ーアは、還元不可能な価値を自然主義によって導き出そうとすることは誤りと考え、それを自然主義の誤謬と呼びました。還元不可能な価値は他の概念から導き出すことができないためです。「～すべきである」という価値観は還元不可能な価値の例と考えられます。

注８：佐倉統　２００３年『進化論の挑戦』角川ソフィア文庫

注９：Welzel, C., Inglehart, R., & Kligemann, H-D. (2003). The theory of human development: A cross-cultural analysis. European Journal of Political Research, 42 (3), 341-379.

注10：Welzel, C. (2013). Freedom rising: Human empowerment and the quest for emancipation. Cambridge University Press.

注11：Snow, R. E., Tiffin, J., & Seibert, W. F. (1965). Individual differences and instructional film effects. Journal of Educational Psychology, 56 (6), 315-326.

高度な利他性が引き起こす戦争という悲劇

利他行動に寄与する遺伝子とは

「子どもの犠牲500人」。2023年8月13日、ウクライナ情勢に関してとりわけ胸が苦しくなるニュースが各メディアで報じられました（注1）。ウクライナ検察当局によると、ロシアによる侵攻で死亡した子どもの数が500人に上ったというのです。砲撃や空爆に巻き込まれて死傷した子どもの数は約1600人、占領地ではロシア側への子どもの連れ去りも生じているとのことで、ウクライナの子どもの人権状況の深刻さに「これは本当に21世紀の出来事か」と思わされます。

戦争はしたくない。多くの人々のそうした望みに反して、人類の歴史は戦争の歴史とも言われてきました。ロシアのウクライナ侵攻を目の当たりにして、改めて戦争回避の難しさに思いを巡らせた方々も少なくないでしょう。人類の英知を集めて世界平和を実現したいという思いから研究に取り組む人たちがいます。戦争について研究する分野としては政治学や歴史学が連想されますが、近年、ヒトを対象とした生物学の分野においても戦争に関する研究が盛んになっています。本項ではそうした研究の一端を紹介していきます。

動物の世界にも争いはあります。捕食者（食うもの）と被食者（食われるもの）との争いや、配偶者をめぐる同性間での争いなど、さまざまな争いが観察されます。ここでは、集団間での争い、すなわち、「身体的な障害を与える（あるいは与えうる）暴力を介した複数の個体を組織して（特に同種の集団間で）行われる争い」（注2）に注目します。こうした争いの多くは、ヒトやヒトに近い系統の動物でしか見ることができません。ヒトの場合、こうした争いの典型例が「戦争」と呼ばれることになります。

自分の血縁個体を助けるために行動する動物は少なくありません。生物の進化においては、個体が自ら残す子どもの数に加えて、遺伝子を共有する血縁者の子どもの数の影響も考慮すべきであるという見方（血縁選択説：注3）が重要です。血縁個体を助けることでその血縁個体が次世代に遺伝子を残す可能性を高めることは、結局は自分の遺伝子のコピーを次世代に残すことにつながります。このように考えると、血縁個体を助けるという行動が自然選択の働きによって進化するケースが存在することは不思議ではありません。

しかし、ヒトにおける集団間の争い、民族や国といった集団間での戦争においては、家族（血縁者）の枠を超えて、民族や国家という集団のために戦うという行動が観察されます。こうした行動は、血縁者ではない他者を助けるための行動に見えます。このような他者を助ける行動（利他行動）に寄与する遺伝子は、たとえ突然変異で生じたとしても、その遺伝子をもつ個体の負担（コスト）が増大することで生存や繁殖において不利となり、いずれは集団中から消失してしまうのではないかという疑問が生じます。

フリーライダー問題

集団のために戦うという行動については、すでに述べた血縁や遺伝子の観点に加えて、フリーライダー問題の観点からも注目されます。人類の歴史を見ると、民族紛争、独立紛争として行われた戦争は多いです。独立戦争に勝利し、ある地域の住民が独立国の国民になると、その住民全員が民族自決の権利を得ます。この状況は、戦争の勝利に寄与した人物と寄与していない人物が等しく利益を享受できることを意味します。こうした状況では、フリーライダー問題が生じる可能性があります。

フリーライダー問題は、経済学で「公共財」について考えるときによく取り上げられる問題です。フリーライダーとは「ただ乗りする人」という意味で、コストを負担せずに利益だけを得る人を指します。公共財の代表的な例は、消防・警察・国防・放送などです。例えば脱税者のように、十分な税金を支払わずに公共財を利用する人はフリーライダーとみなされます。罰則を受けるなどの不利益が特にないのであれば、公共財を維持するためのコストを負担せずにフリーライダーとなるほうが個人の利益は大きくなります。こうした状況が続くと、必要な公共財が維持できなくなってしまうという問題が生じます。これがフリーライダー問題です。

民族独立戦争の場合、民族運動や戦闘行為に参加してもしなくても、独立の際には同じ利益が得られるため、フリーライダー問題が発生しそうです。このように考えると、負担や危険を伴うであろう民族運動や独立戦争に参加する人物など現れないのではないかと思えてきます。しかし実際には、独立戦争を通じて民族独立を実現した例は多くあります。自身の負担や危険を顧みず民族運動や独立戦争に参加する人物が少なからず存在しているという現実があるのです。

こうした遺伝子の観点およびフリーライダー問題の観点からの疑問について、それらを解消する研究が報告されています。ノースカロライナ大学社会学部の教授であったジョセフ・ホイットマイヤーは、同族結婚の機能に関する１９９７年出版の論文において、他者を助けることを通じて民族運動に貢献する遺伝子は適応的になりうることを示しました（注４）。ホイットマイヤーは、自分と他者との間には子孫同士が婚姻する可能性があるという事実に注目したうえで、自分の子孫が他者の子孫と将来婚姻する可能性があるならば、そのような他者を助ける遺伝子は進化の過程で有利となり、世代を超えて受け継がれる可能性があることを数学的なモデルを用いて示しました。子孫の婚姻可能性を考慮すると、他者も「拡大家族」の一員となりうるというわけです。婚姻は同じ民族に属する個体の間で生じることが多いため、民族集団は拡大家族とみなすことができるとホイットマイヤーは述べています。

戦闘行為に参加する個体単独で考えると、確かに個体の生存率は低くなる可能性が高いでしょう。しかし、拡大家族という観点で考えると、他者を助けることを通じて民族運動に貢献する遺伝子は集団中で適応的になり、世代を超えて存続するというわけです。

ホイットマイヤーの研究や他の多くの研究によって、ヒトには一般的に自民族中心主義や内集団びいき（注5）と呼ばれる性質があることが分かっています。他集団のメンバーを犠牲にしても自分の属する集団のメンバーを助けることが遺伝子の観点から適応的であるならば、ヒトがそのような性質を持っていても不思議ではありません。このように考えることで、ヒトが集団同士で争うことは避けられないという悲観論に陥る人もいることでしょう。しかし、希望はあります。自民族中心主義を克服する方法が存在するという研究が報告されているのです。

　ペンシルバニア大学に所属していた進化心理学者ロバート・クルツバンを中心とした研究チームが2001年出版の論文において、ヒトはさまざまな個人を民族や人種によって別々のカテゴリーに分けるものの、そのカテゴリーの境界はかなりの程度に可変的であることを示しました（注6）。研究チームは、記憶混同プロトコルと呼ばれる社会心理学の巧妙な実験技法を用い、被験者がさまざまな個人をどのようにカテゴリー分けするのかを調査しました。一連の実験により、性別（男vs.女）や世代（若年vs.老年）によるカテゴリー分けは固定的だが、民族や人種によるカテゴリー分けについては、実験室で比較的小さな操作（シャツの色を境界線を引く際の手がかりにするような操作）をするだけで別の基準でカテゴリー分けをするという結果が出ました。すなわち、固定的ではないのです。研究チームは、ヒトはその進化の過程で自分自身と外見が大きく異なる人々に出会う機会がほとんどなかったため、今日「人種」と呼ばれているものを符号化するメカニズムを私たちが備えているとは考えにくいという仮説を提示したうえで、実験結果はその仮説を支持すると述べています。ここでの符号化とは「自動的に記憶する」というような意味です。

　クルツバンらの研究からは、自民族や内集団と呼ばれるものは状況によって変わりうることが示唆されます。誰が敵で誰が味方かという境界は固定的なものではないということです。

マルチレベル選択と偏狭な利他主義

ヒトは高度な利他性を示すことで知られています。チンパンジーも相手を助ける行動をしますが、そうした行動は相手からの要求があって初めて生じることが実験により示されています。しかし、ヒトの利他行動はかなり自発的なもので、相手から要求された場合だけではなく、特に要求がなくても相手を助けることをヒトは普通に行います（注7）。ヒトが進化の過程でこのような高度な利他性を獲得した理由が戦争と関係しているという説があるので、紹介しましょう。

哲学者のエリオット・ソーバーと進化生物学者のデイヴィッド・ウィルソンは1998年出版の共著『Unto Others』のなかで、マルチレベル選択によって利他性が進化しうるというアイデア（マルチレベル選択説）を提唱しました（注8）。自然選択は、従来考えられてきたように個体レベルで働くだけではなく、状況によっては集団レベルでも働くことがあり、集団レベルの自然選択によってヒトの利他性が進化したというのです（注9）。

集団レベルの自然選択が働きうる状況とはどのようなものなのでしょう？　ソーバーとウィルソンは以下のような例を挙げています。

複数の小規模な集団が存在し、かつ、集団内の交流は活発で、個体同士は性質がよく似ていると仮定します。そのうえで、集団は互いに隔離されていることから集団間の違いは大きくなるとします。

こうした状況において利他行動に寄与する遺伝子の数の推移を考えてみましょう。集団の内部では自然選択の働きにより、利他行動に寄与する遺伝子は減少する可能性がありま す。なぜなら、利他行動に寄与する遺伝子は、その遺伝子をもつ個体の負担（コスト）を増大させ、生存や繁殖を不利にさせるからです。

その一方で、集団間の比較においては、利他的な個体が多い集団は個体同士が協力することで生存率が高くなるため、利他的な個体が少ない集団よりも生き残りやすく、結果として利他的な個体が多い集団の割合が高まっていくと考えられます。こうして、利他行動に寄与する遺伝子については、集団内の競争においては不利であり、頻度が減少するように自然選択が働くものの、集団間の競争ではむしろ有利となるため、複数の集団全体をトータルで考えると、そうした遺伝子を含む集団の割合が多くなり、結果として、存続できるという予想が導かれます。ソーバーとウィルソンはこうした現象を「マルチレベル選択」と呼びました。

自民族中心主義や内集団びいきが強まると、自分の所属集団（内集団）のメンバーには好意的であるものの、自分が所属していない集団（外集団）のメンバーには敵対心をもつという状況になり得ます。経済学者のハーバート・ギンタスとサミュエル・ボウルズは、この状況を「偏狭な利他主義」と呼びました（注10）。前述のように、マルチレベル選択が働くには、各集団の内部では互いに似ている一方で、集団間の違いは大きくなっている必要があります。ギンタスとボウルズは、食物分配や一夫一妻制などの社会制度が生まれることで集団内のメンバー間の格差が小さくなり、それにより集団内の団結が促進され、そこにマルチレベル選択が働くことで、食物分配や一夫一妻制などの社会制度を有する集団がそうでない集団よりも多く生き残り、複数の集団全体でみると、それらの社会制度がより強化される、という説を提唱しました（注11）。

こうしたマルチレベル選択に必要となる集団間の大きな違いを生み出す一つの原因が、集団間の対立すなわち戦争と考えられます。利他性によって団結している集団が利己主義者の集団に戦争で勝てば、マルチレベル選択の働きは強まります。こうして、利他性によって集団内で団結しながらも外集団のメンバーには敵対心をもつという偏狭な利他主義が、戦争を通じて集団の生き残りにとって有利となり、マルチレベル選択で増加する、という可能性が生じます。ヒトの祖先社会においては実際に頻繁に戦争が発生していて、それが偏狭な利他主義を生みだしたとギンタスとボウルズは述べています。

ギンタスとボウルズの仮説の妥当性について、データに基づいた確実な結論を得ることは難しいでしょう。しかし、人類の祖先は過去に過酷な状況下における戦争の激化を経験しており、それによりヒトの偏狭な利他主義が進化したという説（注12）があるので紹介します。その説では、人類の祖先は十数万年前の地球規模の寒冷化の影響で当時個体数を大きく減少させたとして、過酷な状況においては貝類などの海洋沿岸資源が限られた食料として特に重要になり、それらの資源の確保を巡るテリトリー防衛のために集団間対立（戦争）が激化し、戦争に有利となる偏狭な利他主義が進化したと主張しています。

外集団に対する敵対心は性別と関連

集団と集団の間で対立が生じる状況やメカニズムについては、偏狭な利他主義に関する研究以外にも、さまざまな研究が行われています。

例えば、外集団に対する敵対心が性別と関連していることを示す研究があります。女性にとっては、男性からの性行為の強制は繁殖に関する選択権を奪われることにつながるため非常に重大な問題です。こうした観点から、外集団の男性を忌避する女性の反応は、妊娠リスクが高い状況において強まるという仮説が導かれます。実際、この仮説を支持する研究があります。月経周期における妊娠リスクの高い時期においては、女性の異人種への偏見が特に強まることが報告されています（注13）。

行動免疫システムが外国人嫌悪と関連していることは前述しました。（注14）。感染症を恐れている人ほど外国人に対して強い嫌悪を示すことや、妊娠初期の女性（病原体への抵抗力が弱まっている）は外国人を忌避する傾向があることが研究により明らかとなっています。感染症の流行が、外国人嫌悪というかたちで他集団への敵対心を高め、結果として戦争のリスクにつながる可能性が考えられます。感染症はそれ自体がリスクですが、戦争という別のリスクとも関連しているわけです。

これまでに紹介してきた偏狭な利他主義についての仮説が正しいとすると、利他性に関するマルチレベル選択の働きが戦争によって強まり、結果として、集団内でのメンバー間の高度な利他性（自発的な助け合い）が進化したと同時に、外集団を憎むという敵対心も進化した、ということになります。助け合いの心と憎しみの心は真逆の存在のように思えますが、進化の観点に基づくと、両者はコインのように表裏一体である可能性が考えられ、この点について複雑な気持ちになるかたもいることでしょう。

集団間で対立が生じるメカニズムの知見を活用することで、戦争の防止や早期終結につながる可能性が考えられます。例えば、外集団に対する敵対心をなくしていくという手段は有効性が期待できます。すでに述べたように、ヒトは相手を分類するときのカテゴリー分けにおいて可変的であることが分かっています。敵と味方の境界は動かすことができるわけです。国籍・民族・人種・宗教など、ある属性では自分と異なる集団に属する人であっても、仕事や趣味に関しては自分と同じ集団に属するとみなせるケースはあり得ます。

同じ集団のメンバーに対する高度な利他性はヒトの特徴です。ヒトのこうした特徴や敵と味方の境界を動かすことが可能である点を踏まえると、外集団に対する敵対心をなくすような、戦争回避につながる実効性のある新たな仕組みを開発することも不可能ではないかもしれません。そのためには、戦争に関連するヒトの性質について深く理解することが不可欠です。今回紹介したような生物学に関連したテーマを含めて、さまざまな分野で多様な学術研究が行われ、それらの成果が戦争回避につながることを期待したいです。

【注釈】

注１：「子供の犠牲５００人　極超音速ミサイルで8歳男児死亡―ウクライナ」時事通信ニュース（２０２３年8月13日）

注２：小田亮、橋彌和秀、大坪庸介、平石界編　２０２１年『進化でわかる人間行動の事典』朝倉書店

注３：第2章「繁殖戦略としての『子殺し』とは」の項を参照。

注４：Whitmeyer, J. M. (1997). Endogamy as a basis for ethnic behavior. Sociological Theory, 15 (2), 162–178.

注５：第3章「ヘイトと差別の裏に行動免疫システムあり」の項を参照。

注６：Kurzban, R., Tooby, J., & Cosmides, L. (2001). Can race be erased? Coalitional computation and social categorization. Proceedings of the National Academy of Sciences, 98 (26), 15387–15392.

注７：Melis, A. P., & Warneken, F. (2016). The psychology of cooperation: Insights from chimpanzees and children. Evolutionary Anthropology: Issues, News, and Reviews, 25 (6), 297–305.

注８：Sober, E., & Wilson, D. S. (1998). Unto others: The evolution and psychology of unselfish behavior. Harvard University Press.

注9：ヒトの利他性の進化に関しては、マルチレベル選択説以外にもさまざまな説が提唱されています。詳細については以下を参照。飯田高　２０１６年「社会規範と利他性―その発現形態について」社会科学研究、67（2）、23–48

注10：Bowles, S., & Gintis, H.（2011）. A cooperative species: Human reciprocity and its evolution. Princeton University Press.（竹澤正哲、大槻久、高橋伸幸、稲葉美里、波多野礼佳訳　２０１７年『協力する種―制度と心の共進化』ＮＴＴ出版）

注11：ギンタスとボウルズはこうした現象を「制度と利他性の共進化」と呼んでいます。

注12：Marean, C. W.（2015）. The most invasive species of all. Scientific American, 313 (2), 32–39.

注13：Navarrete, C. D., Fessler, D. M., Fleischman, D. S., & Geyer, J.（2009）. Race bias tracks conception risk across the menstrual cycle. Psychological Science, 20（6）, 661–665.

注14：第3章「ヘイトと差別の裏に行動免疫システムあり」の項を参照。

適応的だった「陰謀」検知システムが誤報アラートを鳴らす

「新型コロナワクチンは殺人兵器」という陰謀論

「コロナのワクチンて、本当に大丈夫なんですか?」

「なんか、マイクロチップが入っていて、操られるようになる、とかいう話ありますよね?」

　新型コロナウイルス感染症対策としての行動制限が徐々に緩和された頃に、出先で右のような質問をされることが度々ありました。私は感染症の専門家でもなければワクチン開発に携わったこともないのですが、私が生物学研究者であることを知っている人たちからすると、こうした質問をしてみたくなるようです。

「副反応のリスクを考慮しても、ワクチンを接種したほうがよいというのが専門家の見解のようです」

「ワクチンの成分は厚生労働省のウェブサイトで公開されていますが、マイクロチップやその原料となる金属は含まれていません。マイクロチップ入りという話は、さすがにデマだと思いますよ」

対面の席で私がこのように答えると、たいていの知人は納得してくれます。しかし、インターネット上では、新型コロナウイルス感染症やそのワクチンをめぐる陰謀論は枚挙にいとまがありません。ちょっと検索しただけでも、「コロナワクチンを接種すると5Gに接続される」「コロナワクチンは秘密結社による世界支配の手段」といったような記述が次々と見つかります。

こうした陰謀論の拡大は、一般ネットユーザーによるものだけではなく、責任ある立場の人物によってなされることもしばしばです。2021年には、ベテランの県議会議員が「新型コロナ騒動は『闇の勢力』が計画した」「新型コロナワクチンは殺人兵器」などと主張した広報紙を支援者に配布し、所属する会派から厳重注意を受けるという出来事がありました。

ワクチンについては、種類によっては副反応が生じることや、過去に発生した医療事故などから、安全性に不安を感じる人がいることは想像できます。安全性を示す研究結果を見せられても簡単には納得しないという人もいることでしょう。しかし、世の中には、疑問の余地のない明らかな事実と思われることに対しても、そこに陰謀の存在を見出して異論をはさむ人たちがいます。特に極端な例として知られているのは、地球平面論者でしょう。彼らは、地球は球体ではなく平面であるとする地球平面説を主張しています。宇宙開発が進み、宇宙から地球を撮影した写真が存在する現代において、一体どうやったら地球が平面だと信じることができるのか、あまりにも無謀に思えます。しかし、地球平面論者によると、球体として宇宙に浮かぶ地球の写真はNASAの陰謀による捏造《ねつぞう》だというのです。地球平面説自体は古代から存在しますが、現代のそれは陰謀論と結びついているところに特徴があります。このように、陰謀を仮定してしまえば、極端に非現実的な考えであっても信じることが可能になります。

コロナ禍と呼応するかたちで、この3～4年の間に多くの雑誌・オピニオン誌で陰謀論の特集が組まれました。それらの特集では、陰謀論の世界的拡大を憂慮し、どのようにして陰謀論を食い止めればよいのかという観点からの議論が多いようです。そこでは陰謀論を信じる人たちは浅はかであるという考えが暗黙の前提となっているように思えます。しかし、ヒトの進化を扱う研究者からは、私たちの祖先にとって、陰謀があるのではないかと疑うことはむしろ生存の可能性を高める適応的な性質だったのではないかという仮説が主張されているのです。ここではこの仮説を中心に陰謀論について考えていきたいと思います。

陰謀による殺人が多い状況下での自然選択の結果

ヒトが陰謀論を信じてしまうメカニズムについては様々な観点から研究が盛んです。近年は進化の観点からそうしたメカニズムの起源や機能についての研究もなされています。特に注目されるのが適応的陰謀論仮説（注1）です。この仮説では、ヒトは陰謀を検知するための特別な心理的メカニズム（陰謀検知システム）を備えていると考えます。こうした心理的メカニズムは、かつて私たちの祖先が生活していた小集団からなる環境においては適応的であり、それゆえに進化したものと考えられます。適応的陰謀論仮説はあくまでも、こうした心理的メカニズムは過去において適応的だったと主張しているのであり、現代においても適応的であるとは主張していないことに注意してください。むしろ、こうした心理的メカニズムは現代社会には必ずしも適合していないと考えられます。アムステルダム自由大学の行動科学者ヤン・ヴィレム・ファン・プローイヤン（以下、ファン・プローイヤン）らの研究チームが2018年に発表した論文（注2）のなかで適応的陰謀論仮説を詳細に検証しているので紹介します。この研究は、進化に関連した仮説がどのようにして検証されるのかを示す好例です。

ファン・プローイヤンらは、陰謀論の一般的な定義を「悪意のある目的を達成するために密かに共謀している集団の存在を信じること」としたうえで、陰謀論に含まれる重要な因子として、①人・もの・出来事の因果関係についての思い込みがある、②共謀者の行為が意図的である、③共謀者が連合している（単独ではない）、④共謀者の目的は危険で有害である、⑤秘密の要素がある、の五つを挙げています。また、陰謀論のすべてが不合理というわけではなく、政治（ウォーターゲート事件）、組織（企業腐敗など）、科学（タスキギー梅毒実験など）において陰謀が実際に行われていた例があることを指摘しています。

ファン・プローイヤンらは、陰謀があるのではないかと疑う傾向がヒトの祖先において適応的な性質であったとするならば、ヒトの祖先集団では多くの陰謀が発生していて、それらが個体の生存や繁殖に実際に影響していたはずであると考えました。共謀した集団による計画的な殺人が頻発するような危険な状況においては、陰謀検知システムをもつ陰謀に対抗しやすい個体のほうが、そうではない個体よりも、生存や繁殖に成功する可能性が高いと予想されるためです。

このように、適応的陰謀論仮説を正しいとするためには、ヒトの祖先集団では（妄想ではない）陰謀によって死亡する個体が多く存在したという前提（仮定）が必要になります。

この仮定が成立しているかどうか、研究結果を確認してみましょう。

私たちの祖先は狩猟採集社会で生活していましたが、狩猟採集社会では集団の暴力による殺人発生率が文明社会よりもはるかに高いことが示唆されています。例えば、南米の伝統的社会を対象とした11の調査では、成人の平均30％が暴力によって死亡しており、その死亡の大部分は襲撃や待ち伏せによって殺害されたものです（注3）。もう少し控えめな数値ではありますが、世界中の伝統的社会を対象とした別の研究においても、平均して死因の14％が集団による暴力となっています（注4）。さらに、こうした調査で得られた殺人発生率に関するデータを利用して、進化シミュレーションモデルを作成して計算したところ、これらの殺人発生率が高くなると、生き残りやすい個体のもつ性質が集団内で頻度を増やすという肯定的な予測結果が出ました。

陰謀による殺人が多い状況下では、生き残りやすい個体のもつ性質（陰謀に対抗しやすい性質＝陰謀を検知して回避する性質）が自然選択の結果として頻度を増やしていくことが予測されますが、その予測は十分に現実的なものであるという結果が、シミュレーションによって示されたということです。こうした研究結果から、ヒトの祖先集団では陰謀によって死亡する個体が十分多く存在したという仮定は成立しているとファン・プローイヤンらは述べています。

さらに、ファン・プローイヤンらは、陰謀があるのではないかと疑う傾向がヒトの祖先において適応的であったのであれば、敵対的な集団の存在を強く意識した人ほど陰謀検知システムが活発に働くであろうと予測しました。陰謀検知システムは危険検知システムの一種と考えることができます。そのため、実際に危険の兆候が認められた場合により活性化するのは不思議ではありません。陰謀検知システムが活性化するとは、陰謀をより信じやすくなるということです。直感的にも納得しやすい予測ですが、ファン・プローイヤンらは多くの実証的な研究結果を示すことで、この予測が正しいことを裏付けています。例えば、ユダヤ人が自国を脅かす存在であるという思いが強い人ほど、ユダヤ人に関する陰謀論を信じやすいことが確認されています（注5）。異民族は敵対的な集団とみなされる典型例です。ユダヤ人を敵対的な集団として強く意識している人は、陰謀検知システムが活性化して、ユダヤ人に関する陰謀論をより信じやすくなるというわけです。

ファン・プローイヤンらは、適応的陰謀論仮説が正しいものである場合に必要とされる仮定や導かれる予測を、ここで紹介したものを含めて多数列挙したうえで、それらの仮定や予測に関する研究結果を詳細に検討し、最終的に適応的陰謀論仮説は妥当であると結論しています。

確かに、文明化される以前の人類の社会は相当に暴力的であり、殺人も現代とは比較にならないほど頻発していて、敵対する集団から命を狙われることも珍しくない状況であったならば、陰謀の存在を想定し、隙を作らぬように慎重に行動することが身を守るために重要だったことは、想像に難くありません。陰謀があるのではと疑うことで、私たちの祖先の生存や繁殖の可能性が高まることがあっても不思議ではないでしょう。ファン・プローイヤンらの研究の意義は、進化の観点に基づいたこうした考え方が、単なるなぜなぜ話ではなく、エビデンスによって裏付けられた有力な仮説であることを示したことです。

ストレスと不安が陰謀論を促進

陰謀論的思考を促進する要因としては、ストレスや不安の高まりが知られています（注6）。陰謀論者は、善良な人々が不幸に見舞われやすく、世界は不公平であると考える傾向があります。自分のような善良な人間が困難に陥っているのは、自分が悪いからではなく、世界が不公平であるからだと考えるわけです。また、陰謀論者に見られる自己中心的性質や間違っているのは世の中であると考える傾向などが、パーソナリティ障害の特徴と重なっているという指摘もあります。

陰謀論がエコーチェンバー現象によって拡大することも確認されています（注7）。エコーチェンバー現象とは、ソーシャルメディアのユーザーが、自分と興味関心が似通ったユーザーを多くフォローした結果、自分の価値観を肯定するような情報ばかりを目にするようになる現象のことです。エコーチェンバーとは内部で音が反響する共鳴箱のことです。自分がエコーチェンバーの一部となっていることに気づかぬまま、価値観の同じ人とばかりコミュニケーションをとることにより、実際には少数派であるにもかかわらず、自分の考えが世間の標準であると誤解してしまう危険性が指摘されています。

陰謀論者が社会に害をもたらす場合が少なくないことは周知の事実です。陰謀論者となってしまった友人や家族に対して、こちらが真剣であることを示したくて、強い言葉をぶつけてしまう人もいることでしょう。しかし、陰謀論を信じている人を怒鳴りつけても、彼らの考えは変わりません。陰謀論に関する研究の多くは、陰謀論者の主張を正面から強く否定することはむしろ逆効果になると述べています（注6）。陰謀論者と話をするさいには、傾聴しようとすること、相手の話を真剣に聞いているという態度を示すこと、〝上から目線〟を避けることが推奨されています。このように救済策について研究がなされてはいるものの、残念ながら、決定的に有効な方法は確立できていないというのが現状のようです。

そもそも陰謀かもしれないという疑いを抱くこと自体は必ずしも悪いことではありません。何事についても本当に陰謀が画策されている可能性はゼロではないでしょう。今回紹介した適応的陰謀論仮説はまさにこうした観点から作られた仮説です。

しかしながら、すべての危険検知システムがそうであるように、私たちのもつ陰謀検知システムも誤報（間違った警報）を生み出してしまうことがあります。新型コロナウイルス感染症の世界的流行やウクライナ情勢などの国際緊張により人々の不安が高まっていることに加えて、エコーチェンバー現象のようなインターネット空間の構造的問題が存在するとなれば、現在の私たちの陰謀検知システムは過敏になっており、その結果、事実とは異なる陰謀論が数多く発生しても不思議ではありません。

適応的陰謀論仮説に基づくと、私たち人類は、陰謀があるのではないかと疑うようにできているとも言えます。だからこそ、そうしたヒトの特性につけ込む人たちに騙されないように、あるいは、自ら誤った結論に陥らないように、自分の頭の中に生じてくる疑念をそのまま結論とするのではなく、一度は事実に基づいて検証するという姿勢が重要です。

例えば、新型コロナウイルス感染症に関する情報に疑念が生じたのであれば、専門家や公的機関が公表している一次情報（研究者が自ら行った調査や実験で得た情報）を確認することが求められます。

事実と異なる陰謀論に陥らないために、私たちには陰謀が存在すると疑う傾向があることを自覚したうえで、自分の疑念が間違っている可能性を踏まえて、自身を俯瞰的・客観的に見つめることが必要でしょう。今回紹介した適応的陰謀論仮説に関する議論のように、私たち自身を進化の観点から理解していこうというアプローチは、そうした自覚や気づきを獲得する有効な方法と考えられます。

【注釈】

注1：適応的陰謀論仮説の原語はadaptive-conspiracism hypothesisです。conspiracismの日本語訳には陰謀論、陰謀主義、陰謀史観などがありますが、本項では陰謀論を使用します。

注2：van Prooijen, J-W., & van Vugt, M.（2018）. Conspiracy theories: Evolved functions and psychological mechanisms. Perspectives on Psychological Science, 13（6）, 770–788.

注3：Walker, R. S., & Bailey, D. H.（2013）. Body counts in lowland South American violence. Evolution and Human Behavior, 34（1）, 29–34.

注4：Bowles, S.（2009）. Did warfare among ancestral hunter-gatherers affect the evolution of human social behaviors? Science, 324, 1293–1298.

注5：de Zavala, A. G., & Cichocka, A.（2012）. Collective narcissism and anti-semitism in Poland. Group Processes and Intergroup Relations, 15（2）, 213–229.

注6：Furnham, A.（2021）. Just world beliefs, personal success and beliefs in conspiracy theories. Current Psychology,（42）, 2636–2642.

注7：Bessi, A., Coletto, M., Davidescu, G. A., Scala, A., Caldarelli, G., et al.（2015）. Science vs conspiracy: Collective narratives in the age of misinformation. PLOS ONE 10（2）, Article e0118093.

信仰心は反社会的行為を抑制するのか？

新興宗教が否定する進化論

「進化論は嘘です。進化論では突然変異で生物が進化すると言っていますが、突然変異はみな有害で、突然変異で生まれた生物は死んでしまいます」

これは、私が大学院生だった頃、私の自宅の玄関先に「神の話を聞いてほしい」と予告なしに子ども連れで訪問してきた、ある新興宗教の女性信者が私に言った言葉です。

その新興宗教の団体は当時、「生物は神が創造したものであり、進化は事実ではない」と主張する小冊子や書籍を発行し、一般住宅の郵便受けに配布していました。そのことを知っていた私が、団体名を名乗った女性信者に対して、「確か、生物の進化を否定する本を配っている団体ですよね？」と尋ねたことから、冒頭のように彼女が私に進化論の誤りを説明するという状況になりました。

私のこれまでの人生で「進化論は嘘です」と直接面と向かって言われたことは、後にも先にもそのときだけです。私の口からは思わず反射的に、日頃使い慣れたフレーズが飛び出していました。

「一般的には確かに突然変異の多くは有害です。しかし、突然変異のすべてが有害というわけではありません。なかには有益なものもあります。そもそも、ここでいう有害や有益というのは、個体の適応度、すなわち、その突然変異をもつ個体の生存率や繁殖率を、その突然変異を持っていない個体のそれらと比較した場合に……」

こういう具合に、気が付くと、突然変異や自然選択など生物進化の基本的知識について一通り解説していました。

印象深かったのは、信者のかたの態度です。決して対決姿勢ではなく、非常に真摯な態度で私の話を聞いてくれているように見えました。至って「真面目で善良な人」という印象です。私が紙に図やグラフを描きながら説明をしている間にそれなりの時間が経過したようで、近所を回っていた別の子ども連れ信者の方々が、私の自宅玄関先に時間差で到着し、いつしか信者の方々の小集団を前にして私がミニ講義をするという状況になりました。やはり、皆さん一様に真面目で善良な印象を与える方々でした。新興宗教の末端信者には真面目な人が多いという話を聞くことがありますが、そのことを実感した体験でした。

私が対面した信者の方々の真摯な印象とは裏腹に、新興宗教をめぐっては深刻なトラブルが度々報道されています。また、人類の歴史において宗教に関連した戦争や深刻な人権侵害が幾度も生じてきました。異教徒に対する残虐行為が神の名のもとに正当化されていた過去の事例を鑑みると、いっそのこと、宗教や神への信仰などなくしてしまったほうが人々は幸せになる、と考える人もいそうです。しかしながら、近年の宗教に関する研究を調査すると、神を信仰することは個人にとっても集団にとっても有益であったという可能性が見えてきます。それでは、宗教がもたらす効果について考えてみましょう。

信仰心は遺伝する

ヒトの心理や行動は遺伝子と環境の両方の影響を受けることがこれまでの研究で分かっています。遺伝子と環境が相互作用することもあります。宗教の信仰心に関する遺伝子で、実際にそのような例が報告されています。D4DR遺伝子という好奇心の強さに関連することで知られている遺伝子が、特定の条件のもとでは信仰心を促進することが報告されているのです。

D4DR遺伝子のある特定の変異体をもつ人が、宗教への信仰心が促進されやすい生活環境（例：親や知人が宗教を信仰している）で育てられると、宗教への信仰心が実際に強くなりましたが、D4DR遺伝子の別のタイプの変異体を持つ人はそうではありませんでした（注１）。この結果は、信仰心に関して遺伝子と環境が相互作用していることを示しています。たとえ生活環境が共通していても、遺伝子が異なると信仰心の強さも異なるわけです。つまり、Ｄ４ＤＲ遺伝子のタイプと生活環境の両方の条件が満たされた場合に信仰心が促進されると考えられます。

Ｄ４ＤＲ遺伝子以外にも信仰心の強さに関係する遺伝子はおそらく存在するでしょう。他の多くの性質と同じように、信仰心のような宗教的な性質についても、影響を与える遺伝子はいくつも存在していて、それらの遺伝子の働きに環境の影響も加わることにより、個人の宗教的性質が作られると考えられます。

双子研究を実施することで、遺伝子を具体的に特定することはできなくても、ある性質がどの程度の割合で遺伝の影響を受けているのかを数値化することができます。アメリカで行われた大規模な双子研究により、個人の宗教に対する意識は40％以上の割合で遺伝の影響を受けていることが報告されています（注２）。

宗教に関する性質にも遺伝子が影響するということは、それらは自然選択の対象となる可能性があります。ある環境において神を信じるという性質が適応的であるならば、自然選択の働きにより、神を信じるという性質が集団中で頻度を増やすだろうと予想されます。

これまでも度々説明してきましたが、ある性質が適応的であるというのは、その性質を持つことにより、個体の生存率や繁殖率が高くなるということです。

ここでは、神を信じることは適応的であるとするジェシー・ベリング（オタゴ大学サイエンスコミュニケーションセンター所長）の説について紹介します（注3）。ベリングの説の要点は以下のようになります。

- 神や霊などの超自然的行為者は錯覚である
- 神は錯覚ではあるが、神の存在を信じることは適応的である（生存や繁殖に有利）
- そのような錯覚は「心の理論」によってもたらされた

まずは、ベリングの説の前提となっている心の理論について説明します。心の理論とは、他者の心の状態を推測したり読み取ったりする能力のことです。心の状態とは、知識、感情、目的、意図、欲求などです。他者にも心があることを理解している個体は心の理論を持つと言われます。心の理論は、他者に共感したり、他者の視点に立って物事を考えるうえでの土台となる能力と考えられます。

心の理論は、もともとは1978年にチンパンジー研究者が提唱した概念で、「ヒト以外の動物に心はあるか？」という根本的な問いに取り組むなかで生み出されたものです。この問いを直接的に検証することは簡単ではありません。そこで、実験的に検証可能となるように、問いのかたちを「ヒト以外にも心の理論を持つ動物は存在するか？」というものに変換したのです。これにより、心の理論は進化心理学の重要なテーマとして注目され、盛んに研究されることになります。ベリングは先行研究の結果に基づいて、ヒト以外の動物のほとんどは心の理論を持っておらず（ただし、チンパンジーは低度の心の理論を持っている可能性はある）、ヒトは心の理論を高度に発達させた唯一の動物であると主張しています。

心の理論を高度に発達させたことで、ヒトは自分が他者からどう思われているかということを強く意識するようになりました。他人からの評価、他人の目を気にするようになったということです。ヒトは言語という非常に優れたコミュニケーション手段を発達させたため、不都合な情報が誰かに知られると、その情報を知った人が言語を用いて周囲に情報を拡散してしまい、集団全体へと広まっていくという状況が生じました。狩猟採集生活を営んでいたかつての人類は、小集団で暮らしていたため、悪い評判のターゲットにされてしまうと、周囲から疎んじられ、繁殖が難しくなっただろうと考えられます。悪い評判を避けるために、反社会的行為は抑制しなければなりません。誰も見ていないと楽観して、反社会的行為を行っている場面を実はこっそりと誰かに見られていたとなると、悪い評判が広まってしまいます。自分は常に他者に見られていると仮定することは、こうした危機を避けるうえで有効です。

近年の心理学実験の結果からも、ヒトは自分が観察されていることを意識した状況では、実際に利他的に行動することが示されています。たとえば、目のイラストが描かれた紙が張ってあるだけで、ヒトは良い行動を選択する傾向があります。いつでも自分を見ている絶対的他者としての超自然的行為者（神やそれに類似したもの）が存在すると仮定することは、誰も見ていないだろうという楽観的な考えを打ち消し、自身の反社会的行為を抑制する効果を持つと期待できます（実際に抑制効果を持つという多くの研究結果が得られています）。そのため、神やそれに似た存在を信じるという性質は、その性質を持つ個体の集団内での評判の低下を防止し、生存や繁殖の可能性を高く保つことに寄与したと考えられます。こうして、神やそれに似た存在を信じるという性質は、自然選択によって集団中に広まり、一般化したというのがベリングの主張です。

信仰心が社会に与える影響

ベリングの説は、神を信じることがその当人にとってどのような利益をもたらすのかという観点に基づくものでした。その一方で、神を信じることが社会にとってどのような効果をもたらすのかという観点からの研究も行われています。そうした研究として近年注目されているのが、アラ・ノレンザヤン（ブリティッシュコロンビア大学心理学教授）が提唱するビッグ・ゴッド仮説です（注4）。

約1万年前、人類は狩猟採集社会から農耕社会へと移行しましたが、そのさいに集団サイズが急激に増大しました。集団生活では人々が互いに協力することが必要です。ほぼ全員が顔見知りであったであろう小集団においては、協力せずに勝手な行動をする人物は周囲から疎んじられ、その当人が困るという結果になるため、集団中のフリーライダーの割合はそれほど増加しません。しかしながら、大集団では周囲は皆見ず知らずの他人という状況がありえます。そのような状況においては、大集団を維持するうえで必要となる他人同士の協力関係が、いったいどのようにして可能となったのか、という疑問が生じます。

ビッグ・ゴッド仮説はこの疑問に対して、以下のように答えます。人々を監視し非協力的な人物を確実に見つけて罰する神「ビッグ・ゴッド」を信仰する宗教が広まったために、人々は罰せられることを恐れ、フリーライダーにならずに協力的に行動するようになったというのです。こうして、見ず知らずの他人同士でも協力することが普通になり、集団が大規模になっても社会を維持できたというわけです。

注意すべき点は、仮にビッグ・ゴッド仮説が正しかったとしても、それは狩猟採集社会から農耕社会への移行に伴い集団が大規模化した過去の時代の話であって、現代にもそのまま適用できるとは限らないということです。現代の社会では、政府が法に従って人々を監視し、場合によっては罰する役割を担っており、すでに政府がかつての神の代わりとなっているため、神を信仰する必要性は低下しているという見方もできそうです。実際、ノレンザヤン自身もそうした可能性を認めています。

神への信仰と社会の大規模化・複雑化

ビッグ・ゴッド仮説が正しいならば、自分が信仰する神が懲罰的で何でもお見通しであるとより強く信じている人ほど、他人に対してより寛大になることが予想されます。ノレンザヤンを含む研究チームは、世界中の八つの民族のデータを用いて、この予想が正しいかどうかを検証しました（注５）。実験の参加者に自分が信仰する神についてどのように考えているかを質問した後に、いろいろな経済ゲームをプレイしてもらい、見知らぬ人に対する寛大さを調査しました。

その結果、信仰する神が懲罰的で何でもお見通しであると強く信じている人ほど、地理的に遠くにいる見知らぬ人に対して多くのコイン（報酬）を割り当てていることが分かり、他人に対してより寛大になるという予想と一致しました。この結果は、ビッグ・ゴッド仮説を支持するものです。自分の行為が常に神に見られており、不公平なことをすると神に罰せられると強く信じている人は、罰せられるのを恐れて常に他人に対してより親切になると解釈できます。

その一方で、ビッグ・ゴッド仮説を支持しない検証結果も報告されています。ハーベイ・ホワイトハウス（オックスフォード大学社会的結束研究センター所長）の研究チームは、人類進化の１万年にわたる記録データについて、大規模データベースを構築し、ビッグデータ解析を行いました。その結果、不道徳な人を罰する超自然的行為者としての神への信仰は、社会が複雑に進化したことによって生じたものであって、その原因ではないという結論を得ました（注６）。この結論は、ノレンザヤンがビッグ・ゴッド仮説に基づいて描いたシナリオとは逆の内容です。

神への信仰と社会の大規模化・複雑化との関係は近年注目されているテーマです。それについて様々なアプローチの研究が目下進行中で、研究グループの間で相反する結果が得られることもあるでしょう。しかし、ここで重要なのは、これらの研究に用いられたデータの中身や適用される分析手法がすべて公開されていて、基本的には誰でも追試や再分析が可能であることです。自然科学の研究においては従来から、結果もさることながら、研究の手続きの再現性が重視されてきました。進化心理学は自然科学である進化生物学の影響を受けている分野ですが、そうした進化心理学の観点を持つ研究者の参入により、宗教研究においてもいよいよ自然科学と同様に、データに基づいた検証が当然視される時代が到来したように思われます。

社会問題を解決するには何であれ、まずはその背景や原因についての確度の高い情報が必要になります。宗教についても例外ではないでしょう。右記のような経緯で、宗教に関する仮説の検証が本格化していることから、関連する知見の蓄積が加速しそうです。今後は、こうして得られた知見を宗教に関する社会問題の解決のために応用することが考えられます。多くの成功事例が生まれることを期待したいです。

【注釈】

注１：Sasaki, J. Y., Kim, H. S., Mojaverian, T., Kelley, L. D. S., Park, I. Y., & Janušonis, S.（2013）. Religion priming differentially increases prosocial behavior among variants of the dopamine D4 receptor（D4DR）gene. Social Cognitive and Affective Neuroscience, 8（2）, 209–215.

注２：Koenig, L. B., & Bouchard, T. J., Jr.（2006）. Genetic and environmental influences on the traditional moral values triad——Authoritarianism, Conservatism, and Religiousness——as assessed by quantitative behavior genetic methods. In P. McNamara（Ed.）. Where god and science meet: How brain and evolutionary studies alter our understanding of religion. Vol. 1. Praeger. pp.31–60.

注３：ジェシー・ベリング　鈴木光太郎訳　２０１２年『ヒトはなぜ神を信じるのか―信仰する本能』化学同人（原著２０１１年）

注４：アラ・ノレンザヤン　藤井修平、松島公望、荒川歩監訳　２０２２年『ビッグ・ゴッド―変容する宗教と協力・対立の心理学』誠信書房（原著２０１３年）

注５：Purzycki, B. G., Apicella, C., Atkinson, Q. D., et al.（2016）. Moralistic gods, supernatural punishment and the expansion of human sociality. Nature, 530, 327–330.

注６：Whitehouse, H., François, P., Savage, P.E., et al.（2019）. Complex societies precede moralizing gods throughout world history. Nature, 568, 226–229. この論文については、掲載後にデータの扱いについて問題点が指摘され、2022年に修正版の論文が出版されています。慶應義塾大学プレスリリース「社会の複雑性の進化によって『神』が生まれた？」（2019年3月22日）を参照。

第4章　「精神」「組織」「人類の未来」進化の観点から考える

精神疾患が消失しない進化的パラドックス

約3人に1人が精神疾患を発症

新型コロナウイルス感染症のパンデミックにより精神疾患が世界的に増加したという調査結果が報道され（注1）、メンタルヘルスの問題について改めて関心が向けられています。本書でも、サイコパスや薬物依存症など、精神疾患に関連したテーマをいくつか取り上げてきました。精神疾患の研究に進化の観点を導入したものは、進化精神医学あるいは進化精神病理学と呼ばれています。進化精神医学では、精神に関する症状がなぜそのような状態にあるのかという観点から仮説を構築し、データに基づいた検証が行われます。

近年は特に、生物学や医学の多くの領域で遺伝子解析の技術を活用した研究が隆盛を極めています。この傾向は進化精神医学にも当てはまります。例えば、精神疾患に関連する遺伝子について、その進化過程における自然選択の検出が可能となり、注目を集めています。生活史理論に基づいた個人差の研究も増えています。この項ではそうした精神疾患研究のいくつかについて、それらの背景を含めて解説します。

一般的に精神疾患には遺伝子が関係していることが判明しています（注2）。しかしながら、考えてみますと、病気になる可能性を高める遺伝子が存在し続けるというのは不思議な話です。病気になった個体は一般的には生存や繁殖が難しくなり、子孫を残せる確率は減りそうです。精神疾患関連遺伝子のように、病気になる可能性を高める遺伝子は、たとえ突然変異によって生じたとしても、自然選択の働きによって集団中の頻度を減らし、進化の過程で消失してしまうように思われます。

しかし、実際には精神疾患になる人は少なくありません。約3人に1人が一生涯の間に何らかの精神疾患を発症するという調査結果もあります（注3）。こうした事実から、精神疾患関連遺伝子は少なくない頻度でヒトの集団中に存在していると考えられます。このように、子孫を残すうえでマイナスになると思われる精神疾患関連遺伝子が消失せずに集団中に存在していることは「進化的なパラドックス」とみなされ、研究者の注目を集めてきました。

一般に、ある遺伝子が個体の生存や繁殖に有利であるかどうかは、状況や環境に依存します。ある状況において生存に不利な遺伝子が別の状況においては逆に有利になることもあり得ます。このことは、病気の原因となる遺伝子（疾患遺伝子）についても当てはまります。ある疾患遺伝子を持つことが、特定の状況においてはむしろ生存に有利となり、そのおかげで、疾患遺伝子が消失することなく集団中に存在し続けるという場合があり得るわけです。こうした疾患の例として、鎌状赤血球症が有名です。その名の通り、赤血球が鎌状に変形します。高校生物の教科書でも取り上げられているので、聞いたことのあるかたもいるでしょう。鎌状赤血球症は遺伝子の変異によって赤血球が正常に機能しなくなる遺伝性の疾患です。鎌状赤血球症遺伝子を2個持つ個体（ホモ接合体：注4）は重い貧血や多臓器障害を発症します。

しかし、鎌状赤血球症遺伝子にはあるメリットがあることが分かっています。マラリアにかかりにくくなるのです。マラリアはマラリア原虫をもった蚊に刺されることで感染し、マラリア原虫は血液中の赤血球内で増殖します。鎌状赤血球症の人は、マラリア原虫に侵入された赤血球が壊れることで、体内でのマラリア原虫の増殖を抑制することができ、マラリアが発症しにくい、あるいは発症しても治りやすくなります。鎌状赤血球症遺伝子を持つことで鎌状赤血球症になるリスクは高くなるものの、マラリアになるリスクは低くなるというわけです。

鎌状赤血球症遺伝子を持つ人は、マラリア蔓延地域であるアフリカに多くいることが分かっています。マラリアは特に幼児にとっては死亡率の高い感染症であり、マラリアが蔓延する状況では鎌状赤血球症遺伝子を持つ人は持たない人よりも生存に有利となるでしょう。鎌状赤血球症遺伝子の場合、鎌状赤血球症になるリスクという点では有害であり、自然選択の働きによって頻度の減少が予想されますが、マラリアに対する耐性という点では逆に有利となり、頻度の増加が予想されます。このように、ある遺伝子に対して、増加させる自然選択と減少させる自然選択の両方が働くことによって、頻度の増減のバランスが保たれる現象を平衡選択（balancing selection）と呼びます。アフリカでは平衡選択が働くことで、鎌状赤血球症遺伝子がヒトの集団中に維持される結果になっていると考えられます。

有害と思われる遺伝子が集団中から消失せずに存在し続けている場合、鎌状赤血球症遺伝子のように、実は状況によっては、その遺伝子を持つことが個体にとって有利となっている可能性があります。病気の原因となる遺伝子と聞くと絶対的に有害なものと考えたくなりますが、生存に有利となる状況があるかもしれないという視点を持つことは有効です。

統合失調症関連遺伝子が有利になる場合

一つの遺伝子が一つの性質だけではなく、二つ以上の性質に同時に関連することがあります。このような現象は多面発現と呼ばれ、多面発現遺伝子は多くあると考えられています。精神疾患関連遺伝子とみなされている遺伝子が実は多面発現遺伝子で、精神疾患とは別の性質にも同時に関連しているという状況があり得ます。そうした場合、精神疾患とは別の性質に働いた自然選択の二次的影響として、精神疾患関連遺伝子が集団中で増加したり減少したりする可能性があります。

なお、前述の鎌状赤血球症遺伝子の働きは多面発現とは別です。鎌状赤血球症遺伝子の場合、赤血球が特別になるという一つの性質が、貧血症という病気とマラリアに対する耐性という二つの別々の結果を生み出しています。これに対して、多面発現遺伝子は関連する性質がそもそも一つではなく二つ以上であり、この点で鎌状赤血球症遺伝子とは異なっています。

精神疾患関連遺伝子についても、鎌状赤血球症遺伝子のように、何らかの有利性があるために集団中に維持されている可能性が考えられます。精神疾患のなかでも特に統合失調症については、こうした観点からの研究が盛んに行われています。以下、代表的な研究例を紹介します。

統合失調症関連遺伝子をもつことには、創造性の向上、数学的推論能力の向上、ウイルス感染リスクの減少などにおいて利点があるという可能性が、いくつかの研究で示されています(注5)。鎌状赤血球症遺伝子と同様に、平衡選択が働くことで統合失調症関連遺伝子が集団中に維持されているという仮説を支持する研究です。

多面発現の観点に基づく仮説も提示されています。統合失調症関連遺伝子が集団中に少なからず存在するのは、ヒトの進化の過程で認知特性に働いた正の自然選択の二次的影響であるという仮説です(正の自然選択とは、ある遺伝子に対して集団中の頻度を増加させるように働く自然選択のこと)。いわば、進化の副産物として、ヒトは統合失調症になりやすくなったというわけです。この仮説を支持する研究も報告されています(注6)。この研究では、ヒトを含む霊長類の系統を対象として、進化過程において統合失調症関連遺伝子に働いた自然選択の検出を試みています。現在では、進化の過程で特定の遺伝子に自然選択が働いたことを遺伝子データに基づいて検出することが可能です。分析の結果、統合失調症と特に関連の深い遺伝子(NRG1遺伝子、DISC1遺伝子など)がヒトの進化の過程で正の自然選択を受けていることが示されました。このことは、統合失調症がヒトの適応進化に伴う副産物であることを示唆するものです。

統合失調症になりやすいという性質それ自体は生存や繁殖に不利かもしれません。しかし、ある統合失調症関連遺伝子が多面発現として別の何らかの認知能力と関連しており、かつ、それらの認知能力が生存や繁殖に有利である場合には、統合失調症関連遺伝子が自然選択の働きにより集団中で頻度を増やすというシナリオが考えられます。こうした認知能力としては、例えば、創造性などが候補となるでしょう（注7）。統合失調症関連遺伝子が同時に創造性関連遺伝子でもあるという多面発現の状態である場合、創造性が生存や繁殖に有利な状況においては、その遺伝子は増加する可能性があります。

不安になりやすい遺伝子の型

不安は多くの精神疾患にみられる症状です。不安になりやすい遺伝子の型となりにくい遺伝子の型がヒトの集団中でともに維持されているメカニズムについて、日本の東北大学の研究チームが２０１８年の論文で報告しています。複数の遺伝子の型が集団中に維持された状態を遺伝子多型と呼びますが、研究チームは、ヒトの不安傾向に関連する遺伝子において、遺伝子多型が平衡選択によって生じていることを示しました（注8）。

研究チームは、哺乳類15種の遺伝子の配列について、多数の精神疾患関連遺伝子の進化速度を推定したところ、三つの遺伝子（ＣＬＳＴＮ2、ＦＡＴ1、ＳＬＣ18Ａ1）がヒトの進化過程で自然選択によって加速的に進化したことを見出しました。このなかのＳＬＣ18Ａ1はうつや不安傾向と関連しており、複数の型（Ｔｈｒ型、Ｉｌｅ型）をもつ多型の遺伝子です。

さらに、研究チームはシミュレーション解析を行うことで以下のような結果を得ました。不安傾向や神経質傾向などを強く示すＴｈｒ型は、チンパンジーとの共通祖先から分岐した後の人類の進化過程において何らかの有利性があり、自然選択によって頻度が増加したと考えられること、並びに、抗うつ・抗不安傾向を示すＩｌｅ型は、人類が分布を拡大し、アフリカ大陸からヨーロッパやアジアなどに進出したさいに、自然選択により頻度が増加したと推測される、という結果です。人類集団のＳＬＣ18Ａ1遺伝子は、Ｔｈｒ型とＩｌｅ型の両方のバランスをとるような自然選択（平衡選択）の働きによって多型が維持されていると考えられます。

研究チームは「本研究は、ヒトの精神的特性がその進化過程で強い自然選択を受けてきたことを示すとともに、私たちのこころの多様性に関わる遺伝的変異が自然選択によって積極的に維持されていることを初めて実証したものです」と述べています。

パーソナリティ障害の個人差

同じ精神疾患関連遺伝子を持っていても精神疾患を発症する人としない人がいます。こうした精神疾患の個人差に関しては、生活史理論の観点から、環境要因の影響に注目した研究が盛んになっています。これまで、薬物依存症やパートナー間暴力について、生活史理論の解説を交えながら、そうした研究の具体例を紹介してきました（注9）。統合失調症と並んでメディアで取り上げられることの多い精神疾患にパーソナリティ障害がありますす。近年はパーソナリティ障害の個人差についても生活史理論に基づいた研究が行われています。

生活史戦略の代表例である「性急な生活史戦略」と「緩慢な生活史戦略」の二つのうち、性急な戦略は不安定で過酷な環境におかれた個体に適していると考えられます。衝動性やリスクテイキングな性的行動パターンという境界性パーソナリティ障害の症状は、性急な戦略と一致しているように見えます。こうした見方をデータにより裏付けた研究が報告されています。米国における一般住民のデータを用いて、幼少期の逆境体験と境界性パーソナリティ障害との関係について、構造方程式モデルに基づいて分析した研究です（注10）。分析の結果、幼少期に逆境体験のあることが境界性パーソナリティ障害の診断と有意に関連していること、さらに、幼少期の逆境体験の影響による境界性パーソナリティ障害の発症リスクが、短期的な繁殖を健康維持よりも優先する戦略をとっている人において有意に高いことが確認されました。これらの結果から研究チームは、衝動性やリスクテイキングな性的行動パターンといった境界性パーソナリティ障害の症状は、早期に異性と性的関係を持つことで子孫を増やすという機能を有している可能性があると考察しています。

これらの研究から、幼少期におかれた環境の違いが個人の生活史戦略に影響を与え、その結果、薬物依存症、パートナー間暴力、境界性パーソナリティ障害などの発症リスクに個人差が生じていることが示唆されます。環境の違いにより精神疾患の発症リスクに個人差が生じているわけです。

これまで述べてきたように、今日ではヒトの精神疾患について、遺伝子の進化過程における自然選択の検出や生活史理論に基づいた分析など、進化の観点を取り入れた研究が盛んに行われています。それにより、ヒトの精神疾患について、集団中に遺伝子の変異（遺伝子多型）が存在することやそうした変異を維持するメカニズム、さらに、遺伝子が同じであっても環境によって異なった状態となりうることの原因について、解明が進んでいます。

その発症メカニズムについては未だに不明な部分が多いものの、ヒトの精神疾患については遺伝子と環境がともに重要であることは間違いありません。こうした問題を探求する進化精神医学がこれからも発展を続け、精神疾患の予防や治療の方法が一日も早く確立することを期待したいです。

【注釈】

注1：「パンデミック中に精神疾患の患者が増加、若年層では4人に1人 米ＣＤＣ」ＣＮＮ（２０２２年9月9日）

注2：Sullivan, P. F., Daly, M. J., & O'donovan, M. (2012). Genetic architectures of psychiatric disorders: The emerging picture and its implications. Nature Reviews Genetics, 13 (8), 537–551.

注3：Steel, Z., Marnane, C., Iranpour, C., Chey, T., Jackson, J. W., Patel, V., & Silove, D. (2014). The global prevalence of common mental disorders: A systematic review and meta-analysis 1980–2013. International Journal of Epidemiology, 43 (2), 476–493.

注4：ホモ接合体とは、ある性質の遺伝子座において2個の同じ対立遺伝子を持つ遺伝子型（同型接合）のことです。通常、ＡＡまたはａａのように表記されます。異なる対立遺伝子を持つ遺伝子型（異型接合）はヘテロ接合体と呼ばれ、Ａａのように表記されます。

注5：
Charlesworth, D. (2006). Balancing selection and its effects on sequences in nearby genome regions. PLoS Genetics, 2 (4), e64.
Polimeni, J., & Reiss, J. P. (2003). Evolutionary perspectives on schizophrenia. The Canadian Journal of Psychiatry, 48 (1), 34–39.

注6：Crespi, B., Summers, K., & Dorus, S. (2007). Adaptive evolution of genes underlying schizophrenia. Proceedings of the Royal Society B: Biological Sciences, 274(1627), 2801–2810.
注7：Power, R. A., Steinberg, S., Bjornsdottir, G., Rietveld, C. A., Abdellaoui, A., Nivard, M. M., et al. & Stefansson, K. (2015). Polygenic risk scores for schizophrenia and bipolar disorder predict creativity. Nature Neuroscience, 18 (7), 953–955.
注8：
Sato, D. X., & Kawata, M. (2018). Positive and balancing selection on SLC18A1 gene associated with psychiatric disorders and human-unique personality traits. Evolution Letters, 2 (5), 499–510.
東北大学プレスリリース「人類で進化し、多様性が維持されている『こころの個性』に関わる遺伝子を特定」（２０１８年８月21日）
注9：
第１章「自己制御メカニズムなき『依存症』は進化のミスマッチ」の項を参照。
第２章「愛着障害から生まれるパートナーへのＤＶ」の項を参照。
注10：Baptista, A., Chambon, V., Hoertel, N., Olfson, M., Blanco, C., Cohen, D., & Jacquet, P. O. (2023). Associations between early life adversity, reproduction-oriented life strategy, and borderline personality disorder. JAMA Psychiatry, 80 (6), 558–566.

進化の観点に基づいた働き方改革「ヒューマンセントリックな組織」とは？

チームの心理的安全性を高める方法

政府は現在さまざまな労働問題の解消を目指した「働き方改革」を進めており、2019年から法改正を行っています。厚生労働省によると、働き方改革とは、「働く方々がそれぞれの事情に応じた多様な働き方を選択できる社会」を実現するための改革であり、「一億総活躍社会」に向けた取り組みとされています（注1）。

こうした取り組みに注目が集まるのは、それだけ、現代の社会で働くことに不満やストレスを感じている人が多いことの反映でしょう。労働環境や職場の組織の在り方について、改善を求める人々の声はネット上にもあふれています。しかし、働いた経験のある人ならば、有効な改善策を確立することは決して簡単ではないということも、実感していることでしょう。こうした改善策を策定することなどを含めて、組織における人間行動に関して研究する学問分野として産業・組織心理学があります。近年、産業・組織心理学に進化の観点を導入する試みが盛んになり、労働環境や職場の組織の在り方について新たな知見が生み出されています。

そうしたなか、産業界において「心理的安全性」という概念が注目されています。そのきっかけは、米国のＧｏｏｇｌｅ社が２０１２年から約４年かけて行った、職場のチームの生産性を高める条件についての調査報告でした。「プロジェクト・アリストテレス」と名付けられた調査プロジェクトによりＧｏｏｇｌｅ社のリサーチチームが導いた結論は、「効果的なチームは協力体制が優れている。チームの協力体制において特に重要なのは心理的安全性であり、心理的安全性が高いチームは離職率が低く、収益性が高い」というものでした（注２）。

心理的安全性とは、ハーバード・ビジネススクールで組織行動学を研究するエイミー・エドモンドソン教授が提唱した概念で、チーム内で率直に自分の意見を述べても他のメンバーから拒絶されたり攻撃されたりすることがなく、対人関係の悪化の心配はないという信念が共有されている状態のことです（注３）。メンバーの潜在意識に働きかけ、メンバーの判断や行動に影響を及ぼすとされます。ただし、必ずしも快適で居心地の良い集団の状態を意味するものではない、という点に注意が必要です。

集団で生活し働くことに関連したヒトの心理的性質について、それらの性質は進化の過程で生存や繁殖に有利だった可能性があるという観点は、集団の性質を研究するうえで有用です。このような進化の観点を導入することで、集団内対立の悪影響を緩和する方法を心理的安全性と関連したかたちで見出すことができたという研究があるので、紹介します。

進化の観点からは、地位を巡る競争において集団内で評価される行為は、集団内のジェンダーが多様であるか否かによって大きく異なると予想されます。特定の性別に偏った集団では、地位を巡る競争において攻撃的な戦術が有効になりえます（男性では直接的攻撃、女性では関係性攻撃が主流）。

オハイオ州立大学のハン・リー准教授らの研究チームが実施した調査により、ジェンダー多様性が高い集団は心理的安全性も高いこと、および、心理的安全性が高い集団は創造性も高いことが示されました（注４）。リー准教授らは、ジェンダーの多様性を高めることで、地位を巡る対立が集団の心理的安全性に及ぼす悪影響を低減できる可能性があると述べています。

また、進化的な観点の導入により、倫理的リーダーの存在と心理的安全性を関連付けた研究があります。進化の観点からは、ヒトは環境に適応するために、不確実性を減らすべく情報を探索し、活用するように動機づけられていると考えられます（注５）。従業員にとってリーダーは職場での不確実性を低減するうえで重要な情報源です。倫理的なリーダーは、従業員の行動規範と役割を明確にすることで、不確実性を低減させ、集団の心理的安全性を高めると予想されます。中国の武漢大学のイドン・トゥ教授らの研究チームによる調査の結果、倫理的なリーダーの存在は実際に集団の心理的安全性を高め、さらに集団の創造性を高めることが示唆されました（注6）。

これらの研究の成果は、進化の観点を導入することが労働環境を改善する具体的な方法の探求に有効であることを示しています。

ヒトを中心とした、人間主体の組織

ヒューマンセントリックという用語があります。これは、「ヒトを中心とした、人間主体の」という意味で、おもに情報通信技術（ICT）の在り方に関する議論で用いられてきました。例えば、総務省は次世代のICTの構想として「ヒューマンセントリックICT」というキーワードを提示しています（注7）。典型的な取り組みの例としては、パソコンやタブレットなどの情報端末のシステムやデザインをヒトにとって使いやすいかたちに設計することが挙げられます。これらは、ヒトが機械に合わせるのではなく、機械のほうをヒトの特性に合わせたものにしようという発想に基づいています。

新型コロナウイルスの影響により在宅勤務が推奨され、オンライン会議が多くの人たちにとって身近なものになりました。オンライン会議をなるべくストレスの少ないかたちで行いたいという要望は強くあり、よりヒューマンセントリックなオンライン会議の実現を目指す研究は盛んに行われています。進化の観点から、どのようなタイプのオンラインコミュニケーションがヒトには適しているのかを探求する理論の構築も進められており、メディア・ナチュラルネス理論と呼ばれています（注８）。こうした理論に基づき、例えば、オンラインコミュニケーションとオフラインコミュニケーションとでは、共感に対する生物学的制約（認知的努力の増加や生理的覚醒の低下など）の影響がどのように異なるのか、などの研究が進められています（注９）。

では、働き方改革の視点に立ったヒューマンセントリックな組織とはどのようなものでしょうか。いま模索されている取り組みのキーワードは decentralized（ディセントラライズド：中央集権的）です。この語は非中央集権的、分散的という意味で、centralized（セントラライズド：中央集権的）の反対語になります。代表的なものはブロックチェーンを応用した分散型自律組織（ＤＡＯ）でしょう。ＤＡＯは Decentralized Autonomous Organization の略語です。従来の中央集権型組織では中央で意思決定が行われ、その決定にしたがって組織が運営されていましたが、DAOでは中央で意思決定する特権的な人やチームが存在しません。組織の運営などに関する意思決定は、DAOの参加ユーザーの投票によって多数決で決定されます。運営ルールは通常、ブロックチェーン上のオープンソースのプログラムである「スマートコントラクト」（特定の条件が満たされると、決められた処理が自動的に実行される契約履行の仕組み）に記述されていて、自動的に処理されます。

DAOの事例は、仮想通貨の取引所、アート作品のコミュニティ、シェアオフィス、プロサッカークラブなど様々な領域に広がっています。科学研究の民主的システムを構築するためにDAOを活用する取り組みも始まっており、分散型科学（DeSci）と呼ばれています（注10）。分散型科学では研究者たちのボトムアップ的活動が容易になり、アカデミアが抱える問題の解決につながると期待されています（注11）。

DAOの他にも、オープンソースコミュニティやフラット型組織など、さまざまな分散型組織が近年生み出され、注目を集めています。

こうした分散型組織に人々の期待が集まっているのは、従来の中央集権型組織よりも分散型組織のほうが安心で低ストレスだと感じている人たちが多いことの反映ではないか、という指摘があります。いわば、分散型組織のほうが中央集権型組織よりもヒューマンセントリックであるというわけです。

ヒトの祖先集団の組織は分散型に近い

実は、こうした分散型組織は、もともと人類にとって当たり前のものでした。

ヒトは進化の歴史の多くの期間を狩猟採集社会で生活していたと考えられます（注12）。現代の狩猟採集民のコミュニティでは、さまざまな家族が集まって20～25人の集団で共同生活し、そのうえで、複数の集団が互いに交流して100～150人の大集団として活動することもある、という構造になっています（注13）。このような構造は、多様な文化や地域で共通していることから、人類の祖先から引き継がれた性質であることが強く示唆されます。

人類の祖先が生活していた狩猟採集社会において、集団内のメンバー間での役割分担については、決定権者による中央集権的な力によるものではなく、個々のメンバーの自己選択によって自律的に、あるいは対等な関係のメンバー同士の横のコミュニケーションやコンセンサスに基づいて決められていた可能性が高いと考えられます（注14）。

メンバー間での役割分担があることから、専門知識に関して個人差が生じ、それが発言力の個人差を生み出したものの、そうした発言力（権利の行使）は領域特異的なものであるため、自分の専門以外の領域にまでも強い発言力を有する中央集権的な決定権者は生じにくいと考えられます（注15）。

これらのことから、人類の進化の歴史の多くの期間で集団の組織形態は分散型だったと言えるでしょう。

さて、環境に適応するように進化してきた性質が、環境の激変によって、新しい環境に適応できず、その結果として不具合が生じてしまうことを「進化のミスマッチ」と言います。第1章の「依存症」のパートで、環境の激変によって生じてしまった進化のミスマッチの例として、本来は生存にとって有利であるがゆえに進化してきた脳内の報酬系のシステムが、食物も薬物も大量摂取が可能となった現代の環境においては、依存症という望ましくない状態を生み出す一因になっていることを述べました。これと同様に、現代のヒトにおいては、組織形態への適応に関しても、こうした進化のミスマッチが生じている可能性が考えられます。

ヒトが中央集権型の組織に属するようになったのは、この数千年から数百年のことです。それ以前の数十万年の間、ヒトの祖先は分散型の狩猟採集社会で生活していたと考えられます。このことから、ヒトの性質は、分散型の組織に適したものとして進化してきており、中央集権型の組織に適応するようにはできていない可能性が高いのです。

つまり、進化の観点に基づくと、ヒトにとってストレスの少ない組織形態は、中央集権型よりも分散型であるという洞察が得られます。現代人の多くは、いわば、慣れない中央集権型組織で我慢して働いている状態と言えそうです。現代社会がストレス社会と呼ばれていることも当然と思われてきます。

分散型組織のほうが中央集権型組織よりもヒューマンセントリックであると感じて、分散型組織の発展に期待を寄せる人たちが増えていることは、進化の観点からは不思議ではありません。

組織の分散化を促進する方策

シンガポール国立大学で組織行動学を研究するジャヤンス・ナラヤナン准教授を中心とする研究チームは、ヒューマンセントリックな組織として望ましいのは分散型組織であるとしたうえで、現代の社会において組織の分散化を促進するための方策について、いくつかの提案をしています（注16）。

ここでは、彼らの提案の中でも特に興味深いと思われる、人工知能技術を活用して中央集権的な組織の必要性を低下させる方策について紹介します。現代人にとってストレスが多いにもかかわらず中央集権型組織が存続していることには相応の理由（中央集権型組織の必要性）があるはずです。次の四つの方策はいずれも、こうした中央集権型組織の必要性を小さくすることにより組織の多層を平坦化し、分散型組織への移行を促進するという狙いがあります。

1．業務のオートメーション化

中央集権型の組織が必要となる理由の一つに、従業員の集団サイズが大きいことが挙げられます。大きな集団は小さな集団よりも中央集権的な組織化を必要とします。人工知能技術を活用して業務の一部をオートメーション化することにより、従来と同じ業務を従来よりも少ない人数で対応できるようにすれば、従業員数を減らし、集団サイズを小さくできます。

2．作業のモジュール化

従業員同士の衝突が多く発生する状況では中央集権的な紛争解決の必要性が高まります。作業の一部をアルゴリズムに組み込んでモジュール化することで、従業員同士の相互依存を低下させ、結果として衝突が発生する機会を減らすことができれば、中央集権的な紛争解決の必要性が低下します。

3. 従業員の適切なグループ化

人工知能技術によるアルゴリズムによって、(人口統計学的な多様性を保ちつつ)価値観の類似性に基づいて従業員のグループを構成します(すなわち、グループ内の類似性を高める)。これにより、グループ内では互いに対等な立場で意見の相違を解決することが容易になり、中央集権的な紛争解決の必要性が低下します。

4. マネージャー支援

マネージャーのスケジュール管理、評価、選抜を人工知能技術によって支援することで、一人のマネージャーがより多くの部下を管理することができるようにします。

ナラヤナン准教授らはこれらの提案を通じて、「ヒューマンセントリックな組織を構築するために肝要なのは、人工知能技術を活用して従来よりも中央集権に依存しない組織を設計することだが、その一方で、現代の私たちにとって重要な価値観である公平性やインクルージョン、また私たちが必要とする有効性や効率性などについても妥協すべきでない」ということを強調しています。

進化産業・組織心理学と「自然派」の親和性

近年、産業・組織心理学を進化の観点に基づいて研究することは進化産業・組織心理学という名称で呼ばれるようになりました（注17）。本章ではそうした研究の実例をいくつか紹介しましたが、重要な点はそれらの例がいずれも、データに基づいた検証を重視していることです。ナラヤナン准教授らが提唱する、組織の分散化を促進するための方策についても、その内容はデータに基づいた効果の検証が可能なものになっています。

現代社会は私たちにとって不自然なものであり、その不自然さがストレスや不健康の原因であるとして、人間本来の自然な状態へ還ろうという、いわゆる「自然派」の思想や価値観を提唱する人は少なくありません。自然派食品や自然派化粧品というジャンルも生まれています。

こうした「自然派」の人々の中には、科学を自然と対立するものとみなし、反科学の立場をとる人もいるようです。しかし、本章で紹介したように、進化産業・組織心理学の研究者は、人間本来の自然な状態を抑圧しないヒューマンセントリックな組織の在り方を、ヒトの進化過程の知見やデータに基づいた検証を重視した科学的アプローチによって探求し、成果をあげています。

このように、科学によって人間本来の自然な状態を実現しようという取り組みがなされている事実は、科学が「自然派」の価値観と対立するものではないことを示しています。科学の知見や手法は、「自然派」の人々にとっても役立つわけです。

進化産業・組織心理学の発展によって今後、ヒューマンセントリックな組織の在り方の詳細が解明され、多くの人々にとって今よりも働きやすい社会が実現することを期待したいです。

【注釈】

注1：「働き方改革～一億総活躍社会の実現に向けて」厚生労働省　https://www.mhlw.go.jp/content/000474499.pdf

注2：「『効果的なチームとは何か』を知る」Ｇｏｏｇｌｅ社　https://rework.withgoogle.com/jp/guides/understanding-team-effectiveness

注3：Edmondson, A. (1999). Psychological safety and learning behavior in work teams. Administrative Science Quarterly, 44 (2), 350-383.

注4：Lee, H. W., Choi, J. N., & Kim, S. (2018). Does gender diversity help teams constructively manage status conflict? An evolutionary perspective of status conflict, team psychological safety, and team creativity. Organizational Behavior and Human Decision Processes, 144, 187-199.

注5：芝田征司　２０１３年「自然環境の心理学―自然への選好と心理的つながり、自然による回復効果」環境心理学研究、１（１）、38-45

注6：Tu, Y., Lu, X., Choi, J. N., & Guo, W. (2019). Ethical leadership and team-level creativity: Mediation of psychological safety climate and moderation of supervisor support for creativity. Journal of Business Ethics, 159, 551-565.

注7：「ヒューマンセントリックＩＣＴ社会の構築を目指して」総務省情報通信審議会

https://www.soumu.go.jp/main_content/000115477.pdf

注８：Kock, N. (2005). Media richness or media naturalness? The evolution of our biological communication apparatus and its influence on our behavior toward e-communication tools. IEEE Transactions on Professional Communication, 48 (2), 117–130.

注９：林浩一　２０２２年「生物学的制約によって共感に影響が生じるプロセスに関する研究」経営行動科学、33（３）、１５７-１７８

注10：各国で分散型科学の普及を目指すコミュニティが発足しており、日本でも２０２２年から２０２３年にかけてDeSci Japan、DeSci Tokyoといった団体が設立されました。

注11：例えば、研究者が仮想通貨やＮＦＴを発行して資金調達を行うことで、これまで資金調達のために費やしてきた時間を研究に振り分けることが可能になると期待されています。小松正「アカデミア問題解決のため分散型科学を推進せよ」日本と世界の課題２０２４　ＮＩＲＡ総合研究開発機構　https://www.nira.or.jp/paper/my-vision/2024/issues24.html

注12：Gintis, H., van Schaik, C., & Boehm, C. (2015). Zoon politikon: The evolutionary origins of human political systems. Current Anthropology, 56 (3), 327–353.

注13：van Vugt, M., & Kameda, T. (2013). Evolution and groups. In J. M. Levine (Ed.), Group processes. Psychology Press. pp. 297–322.

注14：Johnson, A. W., & Earle, T. (2000). The evolution of human societies: From foraging group to agrarian state. Stanford University Press.

注15：Henrich, J., & Gil-White, F. J.（2001）. The evolution of prestige: Freely conferred deference as a mechanism for enhancing the benefits of cultural transmission. Evolution and Human Behavior, 22（3）, 165–196.

注16：Narayanan, J., Puranam, P., & van Vugt, M.（2022）. Human-centric organizing: A perspective from evolutionary psychology. INSEAD Working Paper No. 2022/59/STR.

注17：van Vugt, M., Vespi, C., & Colarelli, S.（2024）. Evolutioanry I/O psychology: Working with human nature. In M. Fisher（Ed.）. APA Handbook of Evolutionary Psychology.

人類の未来と進化の可能性

ヒトの進化は加速？

「私は死ぬのではない。変容するのだ」

　これは筋萎縮性側索硬化症（ＡＬＳ）を患う英国のロボット工学者、ピーター・スコット・モーガン博士が、誤嚥性肺炎を防ぐための喉頭摘出手術（手術後は自身の声を合成音声に切り替える）の前日（２０１９年10月）に語ったことばです（注１）。モーガン博士は２０１７年にＡＬＳと診断され、余命宣告を受けました。ＡＬＳは筋肉が徐々に動かせなくなり死に至る難病で、理論物理学者のスティーブン・ホーキング博士が患っていたことでも有名です。

　モーガン博士は最新技術を用いて自身の身体を機械化することを選択します。「ＡＩと融合」することにより人類初のフルサイボーグとなる道を選んだのです。ＡＩと人類の関係を問い直す彼の選択は注目を集め、著書『Peter 2.0: The Human Cyborg』（邦題：『ＮＥＯ ＨＵＭＡＮ　ネオ・ヒューマン―究極の自由を得る未来』）（注２）は世界中でベストセラーとなりました。モーガン博士は２０２２年6月に64歳で逝去しましたが、運命に立ち向かった彼の生き方に共感する人は多いです（注3）。

モーガン博士の選択は、未来の人類は機械化による進化を遂げるのではないかという考えに現実味を与えました。こうした、機械化による進化を含めて、科学者は私たちの未来の姿についてさまざまな予測を試みてきました。未来の人類はどのような姿になっているのか？　ここでは、この問いについて考えていきます。

ヒトはこの数万年ほとんど進化していないという考えが一般的だった時代がありました。しかし、遺伝子研究の発展により、この考えは今日否定されています。ヒトの進化は最近になってむしろ加速してきたことが判明したのです。

ウィスコンシン大学のジョン・ホークスらが2007年に発表した論文により、ヒトが最近まで進化していたことが遺伝子データに基づいて確認されました（注4）。彼らの研究チームは、漢民族、日本人、ヨルバ人（西アフリカの民族）、北欧・西欧人の4集団の遺伝子を調べ、少なくない遺伝子が5000年前に進化したことを明らかにしました。変化した遺伝子の多くは環境への適応に関係していました。例えば、北欧人は他の地域のヒトよりも生乳を消化できる人の割合が高いですが、これは酪農に適応した結果と考えられます。また、別の研究チームによる、風土病に対する耐性、皮膚や目の色などの身体的特徴についての集団間の遺伝的変異の研究からも同様の結果が得られました（注5）。

注目すべきは、ヒトの最近の進化速度です。ホークスらの研究によると、ヒトが過去1万年の間に示した進化のスピードは、人類の祖先がチンパンジーとの共通祖先と分岐した後のどの時期よりも100倍速かったと推定されます。ヒトが農業を開始したことに伴って、不衛生な状況、新しい食物、新しい病気（他の人や家畜から感染）など、ヒトを取り巻く環境に大きな変化が生じ、それにより強い自然選択が働いたことで進化のスピードが速くなったと考えられます。

こうした最新の知見を踏まえ、人類の未来について現在どのような予測がなされているのか、代表的なものを紹介します。

■未来予測1：ヒトの進化は終わった。もう変わらない

ロンドン大学のスティーブ・ジョーンズはヒトの進化は基本的には終わったと述べています（注6）。現在の科学技術の恩恵によって、ヒトには自然選択がもはや働かなくなっており、進化に歯止めがかかっているというのがジョーンズの主張です。このような見方をする研究者は少なくないようです。

乳幼児の死亡率が改善し、遺伝子に異常があっても生存可能となり、外敵に襲われることもなくなった現代社会では、ヒトに自然選択は働いていないという見解には一定の説得力があります。その一方で、移動が簡単になり、人種や民族を隔てていた社会的障壁がなくなることで、人類が均質化していくという予測もなされています。こうした予測に基づくと、人種が入り混じっていくことを除けば、未来のヒトは現在のヒトと大きくは変わらないということになります。

■未来予測2：逆方向への進化

ヒトの進化は現在も続いているが、その方向が以前とは逆向きになっているという見方があります。低い知能や障害のように、かつては生存や繁殖に不利であったと考えられる性質が、現代社会ではそれほど不利にならず、以前よりも頻度が増えているという可能性が論じられています。

例えば、高学歴者ほど初婚年齢が高いという調査結果に基づいて、知能が高い人は子どもの数が少ない傾向があるとの指摘があります。親の知能が高いと子どもの数が少なくなるのならば、現代社会では知能の高さは繁殖に不利な性質ということになります。このことから、現在のヒトの知能は低下する方向に進化しているのかもしれないという可能性が導かれます。

また、医療福祉の発達により、障害がある人でも子どもをもつ機会が増えているという指摘があります。そうすると、世代を経るにつれて、障害を持つ人の割合が大きくなる可能性が考えられます。人類遺伝学と行動障害の専門家であるデイヴィッド・カミングズは1996年の著書のなかで、ADHDなどの発達障害が以前よりも増えているというデータを示したうえで、これらの障害を持つ女性は大学進学率が低く、大学に進学した女性よりも多くの子どもをもつ傾向があるとして、発達障害の増加に自然選択が関係している可能性を論じています（注7）。

■未来予測3：遺伝子操作による進化

ヒトは昔からさまざまな動植物に品種改良を実施してきました。かつての育種的方法に加えて、今日では人工的な遺伝子操作（遺伝子組み換え）の技術が実用化されています。この技術を自分たち自身に適用したとしたら、今後のヒトはどうなっていくのでしょう？SFじみた話のようにも思われますが、技術的な準備は整ってきています。

今日ではヒトの性質について、形態や生理的性質だけではなく心理や行動形質に関しても遺伝的要因が関与することが確認されています。疾患や障害だけではなく、気質やさまざまな能力の個人差についても、少なくとも部分的には遺伝子が影響しているということです。将来は遺伝子検査の結果に基づいて予防的治療を行うことが当たり前になるかもしれません。

遺伝子検査により遺伝情報が分かるとなると、遺伝子を都合よく修正しようという発想が生まれます。これには体細胞遺伝子治療と生殖細胞系列遺伝子治療が考えられます。体細胞遺伝子治療では特定の臓器（体細胞からなる）の遺伝子を変えるだけですが、生殖細胞系列遺伝子治療は卵子や精子などの生殖細胞や受精卵の遺伝子を対象とするので、当人だけではなくその子孫もまとめて遺伝子を変えることができます。

遺伝子操作を希望するケースとしては、親が子どもの遺伝子を変えるケースと、自分で自分の遺伝子を変えるケースが考えられます。前者では子の性別・容姿・知能・運動能力・芸術の才能などが対象となりそうです。後者では例えば老化防止が人気となりそうです。

このようにして、ヒトは自分たちの遺伝子を自由に組み換えて、将来的には新しい人類を作り出すかもしれません。

■未来予測４：機械化による進化

この項の冒頭で紹介したモーガン博士の取り組みは、機械化による進化を目指したものと言えるでしょう。ヒトの究極の進化とは機械との融合であるという考えがあります。生物学における進化の定義は通常「世代を超えて伝わる変化」とされ、世代を超えない変化は進化ではなく発達と呼ぶことが多いです。しかし、身体の機械化について考える場合、不死の可能性も議論の対象となるため、世代を超えるという観点を重視する意味がなくなるという見方もできるでしょう。そのためここでは、機械化により個体に生じる変化もまとめて進化と呼ぶことにします。

今日、ヒトと機械を融合する研究は人間拡張工学と呼ばれます。ＡＩやロボット工学などの技術を用いて、ヒトと機械を一体化させ、人間の認識能力や行動能力を拡張することを目指す分野です。重たいものを簡単に持ち上げることを可能にするパワーアシストスーツのように腕力を拡張する技術は想像しやすいでしょう。こうした技術はすでに実用化され、作業現場で活用されています。医療福祉分野での応用も期待されます。階段でも問題なく利用できる車いすやロボット義足などが実用化されれば、脚の不自由な方々にとって段差は障害ではなくなります。「エレベーターやスロープといった施設の環境を整備するだけではなく、機器で身体を拡張することでも、バリアフリー社会の実現が可能となる」と人間拡張工学の第一人者である東京大学の稲見昌彦教授は述べています（注8）。

さらに、人間拡張工学では腕力や運動能力の拡張に加えて、感覚や認知能力の拡張も盛んに研究されています。例えば、稲見教授の研究室が開発したマグニフィンガーは、物体表面の非常に細かなざらつきを凹凸として触覚で感じることができる技術です。いわば、触覚を拡大する技術であり、視覚における顕微鏡のようなものと言えます。

ヒトと機械を融合する技術のなかでも、脳科学の知見とITを融合したブレインテックには近年特に注目が集まっています。脳活動データを効率的に処理する技術の発達に伴い、ブレインテックの実用化が見えてきたためです。2023年6月、アメリカの実業家イーロン・マスク氏が設立したニューラリンクは、超小型デバイスを人の脳に埋め込む臨床試験を年内に開始すると発表しました（注9）。マスク氏は臨床試験の対象として四肢がまひした患者などを想定していると説明しています。しかし、こうした技術はいずれ、失われた能力（障害）を補完するだけではなく、ヒトの能力を拡張することに利用されるようになるだろうと考える人は少なくありません。
　未来の人類が機械化による進化を遂げるという予測は、ＳＦやアニメの世界で以前から定番のテーマでしたが、今日ではかなりの程度に現実性を帯びてきたと言えそうです。

新種の人類誕生への道筋

　ワシントン大学の古生物学者ピーター・ウォードは２００９年の「サイエンティフィックアメリカン」の記事のなかで新種の人類を生み出す方法について述べています（注10）。新しい種が形成されるには、小集団が大集団の遺伝子プール（注11）から切り離される（隔離される）ことが必要となります。隔離にもいろいろな種類がありますが、最も一般的なものは地理的隔離です。現在のヒトにおいて地理的隔離は生じにくいと考えられます。しかし、ウォードは可能性はあると述べ、新種の人類誕生への道筋として以下の例を示しました。

・遠く離れた天体に移住する
・地球規模で遺伝子の移動手段を失う

・小惑星が地球に衝突するなどの大災害の後に隔離された集団が生じる
・遺伝子組み換えを実施する

ウォードの見解には異論もあるでしょうが、思考実験として興味深い試みでしょう。

これまで紹介したように、ヒトの将来の姿については、自然選択の働きから解放されて、これ以上は変わらないという予測がある一方で、ヒトは遺伝子操作や機械化の技術によって今後自らを大きく変えていくだろうという予測もあります。後者の予測のように、今後ヒトが技術により自らを変えていくならば、当然、安全性の確保が重要な課題となるでしょう。そこには、個人にとってだけではなく集団や社会にとっての安全性という観点も含まれるはずです。

ヒトの心理や行動に関する知見は、そうした将来のヒトにとっての安全な社会を実現するうえで重要になります。本書で扱ってきたさまざまなテーマはいずれも、そうした知見に進化の観点からアプローチしたものです。進化の観点を含めたヒトの心理や行動についての研究成果が、人類の未来のために有効に活用されることを願いながら、本書を終えたいと思います。

【注釈】

注1：Terminally-ill scientist is about to 'transform' into world's first full cyborg. Mirror. 2019/10/11.

注2：Scott-Morgan, P.（2021）. Peter 2.0: The Human Cyborg. Michael Joseph.（藤田美菜子訳　２０２１年『ＮＥＯ ＨＵＭＡＮ　ネオ・ヒューマン―究極の自由を得る未来』東洋経済新報社）

注3：「64歳で逝去『人類初サイボーグ』が世界に遺した物」東洋経済オンライン（２０２２年７月６日）

注4：Hawks, J., Wang, E. T., Cochran, G. M., Harpending, H. C., & Moyzis, R. K.（2007）. Recent acceleration of human adaptive evolution. Proceedings of the National Academy of Sciences, 104（52）, 20753–20758.

注5：Sabeti, P. C., Reich, D. E., Higgins, J. M., Levine, H. Z., Richter, D. J., Schaffner, S. F., et al. & Lander, E. S.（2002）. Detecting recent positive selection in the human genome from haplotype structure. Nature, 419（6909）, 832–837.

注6：Evolution stops here: Future Man will look the same, says scientist. Mail Online. 2008/10/07.

注7：Comings, D. E.（1996）. Search for the tourette syndrome and human behavior

genes. Hope Press.
注８：「人間拡張工学がもたらす未来の身体」視点・論点　ＮＨＫ（２０１９年５月14日）
注９：「マスク氏設立のニューラリンク、脳デバイス埋め込みで年内に初治験へ」ロイター（２０２３年６月19日）
注10：Ward, P.（2009）. What will become of Homo Sapiens? Scientific American, 300（1）, 68–73.
注11：遺伝子プールとは、互いに繁殖可能な個体からなる集団（個体群）がもつ遺伝子の総体のことです。

おわりに

本書を執筆するにあたっては、多くの方々にお世話になりました。

第4章の「組織」についてのパートでは、特に分散型組織に注目していますが、私がこのテーマに興味を持ったのは分散型科学がきっかけでした。近年増えている分散型科学に関するイベントやシンポジウムの場で登壇者や参加者の方々と議論したことが本書執筆にも役立っています。特に以下の方々との議論は非常に有意義でした。柴藤亮介さん（アカデミスト株式会社）、林和弘さん（科学技術・学術政策研究所）、原田久美子さん（株式会社A-Co-Labo）、丸山隆一さん（科学技術振興機構）、魚住まどかさん（同）、佐伯恵太さん（asym-line）、濱田太陽さん（DeSci Tokyo）。大変ありがとうございました。

また、2023年12月には株式会社BIOTOPEの金安塁生さんと今村桃子さんが運営するポッドキャスト「TokenTalk」で『生物学者と「人間の群れ」を語る』というタイトルで話をさせていただき、分散型組織について生物学の観点から解説しました。その際にまとめた内容は本書執筆にも役立ちました。よい機会をいただき、感謝しています。

　分散型科学はアウトリーチやサイエンスコミュニケーションとも関連しています。海洋生物に関する斬新なアウトリーチを実践し、学会でも注目されている「こんぶＤａｙ」というイベントがあり、私は出展者として毎回参加しています。出展にあたってはアートやエンターテイメント領域の方々に生物学の専門的知見について説明したうえで作品を制作してもらってきました。こうした分野の異なる方々との深いコミュニケーションの経験は本書の執筆にも役立っています。特にお世話になった方々を以下に記します。コンブに関するダンスなどを考案してくださったアミューズメントカフェ＆バー「ユナマノミニ」のスタッフの方々、短編映画「昆布」の脚本・監督を務めた千葉未貴さんと彼女が勤務する「第8電影」（映画館とバーの複合施設）のスタッフの方々、コンブを用いた生け花などの作品を制作してくださった華道家の菊池仙葉さんとアシスタントの藤井穂さん。畑違いである私からの要望を具体化し、作品を制作するのは、皆さん大変だったと思います。本当にありがとうございました。

　コラム連載時には、イラスト担当の浅川りかさん、コラボ動画制作担当の米澤成美さんとのやり取りが、内容のブラッシュアップにつながりました。深く感謝しています。

私の連載コラムを読んだ文藝春秋の織田甫さんから書籍化のオファーをいただき、本書の刊行が実現しました。私の提案した第4章の「組織」について織田さんは強く賛同してくれ、助言と励ましの言葉をくださいました。誠にありがとうございました。

2024年8月　小松　正

小松　正（こまつ　ただし）

小松研究事務所代表、多摩大学情報社会学研究所客員教授。博士（農学）。1967年北海道札幌市生まれ。北海道大学大学院農学研究科農業生物学専攻博士後期課程修了。日本学術振興会特別研究員、言語交流研究所主任研究員等を経て、2004年に小松研究事務所を開設。大学や企業等と個人契約を結んで研究に従事する独立系研究者（個人事業主）として活動。専門は生態学、進化生物学、データサイエンス。
著書に『いじめは生存戦略だった!?—進化生物学で読み解く生き物たちの不可解な行動の原理』（秀和システム）、『情報社会のソーシャルデザイン—情報社会学概論II』（共著、NTT出版）、訳書にダグラス・J・フツイマ『進化生物学』（共訳、蒼樹書房）などがある。

文春新書

1467

なぜヒトは心《こころ》を病《や》むようになったのか？

2024年9月20日　第1刷発行

著　者　小 松　正
発行者　大 松 芳 男
発行所　株式会社 文 藝 春 秋

〒102-8008　東京都千代田区紀尾井町3-23
電話（03）3265-1211（代表）

印刷所　理 想 社
付物印刷　大 日 本 印 刷
製本所　大 口 製 本

定価はカバーに表示してあります。
万一、落丁・乱丁の場合は小社製作部宛お送り下さい。
送料小社負担でお取替え致します。

ISBN978-4-16-661467-7

◆芸能・アートの世界

◆スポーツの世界

◆文学・ことば

翻訳夜話　村上春樹 柴田元幸
翻訳夜話2 サリンジャー戦記　村上春樹 柴田元幸
漢字と日本人　高島俊男
語源でわかった! 英単語記憶術　山並陞一
外交官の「うな重方式」英語勉強法　多賀敏行
名文どろぼう　竹内政明
「編集手帳」の文章術　竹内政明
弔辞 劇的な人生を送る言葉　文藝春秋編
ビブリオバトル　谷口忠大
新・百人一首　岡井 隆・馬場あき子 永田和宏・穂村 弘選
劇団四季メソッド「美しい日本語の話し方」　浅利慶太
芥川賞の謎を解く　鵜飼哲夫
ビジネスエリートの新論語　司馬遼太郎
世界はジョークで出来ている　早坂 隆
一切なりゆき　樹木希林
天才の思考　鈴木敏夫

いま、幸せかい?　滝口悠生選
英語で味わう万葉集　ピーター・J・マクミラン
歎異抄 救いのことば　釈 徹宗
最後の人声天語　坪内祐三
三国志入門　宮城谷昌光
教養脳　福田和也
明日あるまじく候　細川護熙
伊賀の人・松尾芭蕉　北村純一
ちょっと方向を変えてみる　辻 仁成
歴史・時代小説教室　安部龍太郎 門井慶喜 畠中 恵
柄谷行人『力と交換様式』を読む　柄谷行人ほか
初めて語られた 科学と生命と言語の秘密　松岡正剛 津田一郎
紫式部と男たち　木村朗子
ロシア文学の教室　奈倉有里

◆ネットと情報

「社会調査」のウソ　谷岡一郎
インターネット・ゲーム依存症　岡田尊司
闇《ダーク》ウェブ　セキュリティ集団スプラウト
フェイクウェブ　高野聖玄 セキュリティ集団スプラウト
スマホ廃人　石川結貴
スマホ危機 親子の克服術　石川結貴
超空気支配社会　辻田真佐憲
ソーシャルジャスティス　内田 舞

◆経済と企業

リープフロッグ　野口悠紀雄
臆病者のための株入門　橘　玲
臆病者のための億万長者入門　橘　玲
テクノ・リバタリアン　橘　玲
熱湯経営　樋口武男
先の先を読め　樋口武男
ビジネスパーソンのための契約の教科書　福井健策
ブラック企業　今野晴貴
ブラック企業2　今野晴貴
売る力　鈴木敏文
日本型モノづくりの敗北　湯之上隆
半導体有事　湯之上隆
詐欺の帝王　溝口　敦
さらば！　サラリーマン　溝口　敦
トヨタ生産方式の逆襲　鈴村尚久
グローバリズムが世界を滅ぼす　エマニュエル・トッド ハジュン・チャン 柴山桂太・中野剛志・藤井聡・堀茂樹

税金を払わない巨大企業　富岡幸雄
消費税が国を滅ぼす　富岡幸雄
安売り王一代　安田隆夫
運　安田隆夫
働く女子の運命　濱口桂一郎
人工知能と経済の未来　井上智洋
メタバースと経済の未来　井上智洋
「公益」資本主義　原　丈人
お祈りメール来た、日本死ね　海老原嗣生
自動車会社が消える日　井上久男
日産vs.ゴーン　井上久男
新貿易立国論　大泉啓一郎
世界史を変えた詐欺師たち　東谷　暁
日銀バブルが日本を蝕む　藤田知也
AIが変えるお金の未来　坂井隆之・宮川裕章＋毎日新聞フィンテック取材班
なぜ日本の会社は生産性が低いのか？　熊野英生
会社員が消える　大内伸哉
キャッシュレス国家　西村友作

農業新時代　川内イオ
農業フロンティア　川内イオ
総会屋とバブル　尾島正洋
最強の相続　荻原博子
吉本興業の約束　大﨑　洋 坪田信貴
日本企業の復活力　伊丹敬之
グリーン・ジャイアント　森川　潤
国税OBだけが知っている失敗しない相続　坂田拓也
AI新世 人工知能と人類の行方　小林亮太 篠本滋 甘利俊一監修
スパコン富岳の挑戦　松岡　聡
男性中心企業の終焉　浜田敬子
ルポ　食が壊れる　堤　未果
負動産地獄　牧野知弘
地銀と中小企業の運命　橋本卓典
逆境経営　樽谷哲也
ヤメ銀　秋場大輔

在宅ひとり死のススメ　上野千鶴子
最後の人声天語　坪内祐三
なんで家族を続けるの？　内田也哉子・中野信子
百歳以前　徳岡孝夫・土井荘平
迷わない。完全版　櫻井よしこ
東大女子という生き方　秋山千佳
毒親介護　石川結貴
トカイナカに生きる　神山典士
美しい日本人　文藝春秋編
70歳からの人生相談　毒蝮三太夫
ペットロス　伊藤秀倫
ヤメ銀　秋場大輔

◆食の愉しみ

発酵食品礼讃　小泉武夫
発酵食品と戦争　小泉武夫
毒草を食べてみた　植松　黎
中国茶図鑑　工藤佳治・俞　向紅・丸山洋平・写真
チーズ図鑑　文藝春秋編
食の世界地図　21世紀研究会編
一杯の紅茶の世界史　磯淵　猛
辰巳芳子 スープの手ほどき　和の部　辰巳芳子
辰巳芳子 スープの手ほどき　洋の部　辰巳芳子
新版 娘につたえる私の味 一月〜五月　辰巳浜子・辰巳芳子
新版 娘につたえる私の味 六月〜十二月　辰巳浜子・辰巳芳子
小林カツ代のお料理入門　小林カツ代
一生食べたいカツ代流レシピ　小林カツ代・本田明子
歴史の中のワイン　山本　博
農業新時代　川内イオ
農業フロンティア　川内イオ

世界珍食紀行　山田七絵編
ルポ　食が壊れる　堤　未果
80代現役医師夫婦の賢食術　家森幸男
美味しいサンマはなぜ消えたのか？　川本大吾

文春新書のロングセラー

磯田道史
磯田道史と日本史を語ろう
日本史を語らせたら当代一！　磯田道史が、半藤一利、阿川佐和子、養老孟司ほか、各界の「達人」を招き、歴史のウラオモテを縦横に語り尽くす
1438

エマニュエル・トッド　大野　舞訳
第三次世界大戦はもう始まっている
ウクライナを武装化してロシアと戦う米国によって、この危機は「世界大戦化」している。各国の思惑と誤算から戦争の帰趨を考える
1367

阿川佐和子
話す力
心をつかむ44のヒント
初対面の時の会話は？　どう場を和ませる？　話題を変えるには？　週刊文春で30年対談連載するアガワが伝授する「話す力」の極意
1435

牧田善二
認知症にならない100まで生きる食事術
認知症になるには20年を要する。つまり、30歳を過ぎたら食事に注意する必要がある。認知症を防ぐ日々の食事のノウハウを詳細に伝授する！

1418

橘　玲
テクノ・リバタリアン
世界を変える唯一の思想
とてつもない富を持つ、とてつもなく賢い人々が蝟集するシリコンバレー。「究極の自由」を求める彼らは世界秩序をどう変えるのか？
1446